U0539017

後悔當媽媽

Regretting Motherhood

一本成為母親之前，該讀過的書

奧爾娜・多娜絲（Orna Donath）——著
[由瑪格麗特・崔賓・普拉斯（Margret Trebbe-Plath）共同協力]
林佑柔——譯

各界推薦——

V太太——性別評論者

成令方——高雄醫學大學性別研究所教授

羽茜——《成為母親之後》作家

李麗美——前東海大學專案助理教授、旅美書評人

林靜儀——衛生福利部政務次長、醫師

烏恩慈（烏烏醫師）——婦產科醫師

張念慈——「女子漾」網站總編輯、「失敗要趁早-張念慈」粉專版主

陳珮甄——《你不能選擇出身，但能活出想要的人生》作者

曾心怡——心理師、伴旅心理治療所所長

楊佳羚——高師大性別教育所副教授

（依筆劃排列）

★高雄醫學大學性別研究所／成令方教授

「獻給心中有悔意的母親，後悔不是負面情緒而是正面重生的轉機與力量。」

★衛生福利部政務次長／林靜儀醫師

「坦白面對母職困境，才可能開啟支持需求的討論。」

★《你不能選擇出身，但能活出想要的人生》作者／陳珮甄

「成為媽媽，是沒有回頭路的試煉。妳想好了嗎？」

★伴旅心理治療所所長／曾心怡心理師

「一本涵容母親們各種情緒的好書，一起來看見自己。」

目錄

Chapter 3

如果能重來，不當媽媽

Chapter 4

活在「不該有」的感受裡

與其問「這怎麼可能是真的？」
我們不如問「如果這是真的呢？那我們要怎麼辦？」

——亞瑟・波切內爾（Arthur Bochner）

前言——

妳．絕對．會．後悔！

妳
絕對會
後悔沒有生小孩！

上頭這段話深深銘印在我的記憶中，那是在二〇〇七年，當時我正完成一項研究，研究主題是缺乏為人父母慾望的以色列猶太男女。這些宛如末日預言的話語，一次又一次被拋向那些不想為人父母的人身上，特別是對那些不想為人母的女性。就這樣，這幾句話在我的腦海中持續迴盪：她們一定會後悔的，女人會後悔自己沒有成為母親。

這個斬釘截鐵的說法困擾著我，我一直在思考這句話。對我來說，我很不願意在這裡使用二分法，果決地認定這就是以後悔作為手段來威脅那些不願孕育後代的女性，並同時否認世界上存在那些生下孩子後才感到後悔，並希望回到沒有子女的自由身的女性的可能性。

二〇〇八年，我開始進行我的研究。

我的研究從以色列開始——在以色列，平均來說每個女人會生下三個孩子，[1]生育率遠高於經濟合作暨發展組織（OECD）成員國的一．七四個孩子；而後我的研究轉向西方國家如美國（生育率為每位婦女一．九個孩子），及歐洲國家如奧地利、瑞典、愛沙尼亞或是特別低的德國（一．四個孩子），[2]這些低生育率國家的婦女在成為母親這檔事上似乎更有思考空間，儘管如此，她們仍需要承受社會壓力去做出「正確」的決定並成為「母親」。

不論是在我探究的哪個國家，女性們養兒育女，面臨為人母的各種艱苦的同時，內心的後悔卻難以訴諸言語。

我假定造成這種情況的原因是，我們社會領域的視野受到限制，使我們看不到或聽不到那些確實存在但並未訴諸言語的事物。我們已經知道，對女性而言為人母可以是基本而重要的角色，並將為人母與成就感、愉悅、愛、舒適、自豪與滿足感聯繫在一起；我們也知道母親們的緊張與矛盾心理可能會製造無助、無奈、內疚、羞愧、憤怒、敵視和失望；我們同時知道母親們會自我壓抑而壓制了婦女運動及自身的獨立程度；而我們也開始願意理解，母親們也是人，可能有自覺或不自覺的傷害、虐待甚至殺人。然而我們仍然渴望這些有血有肉的女性經驗不要擊碎母親的神話形象，因此我們不承認母親們也可能會後悔——也會像我們在生活其他方面受苦時那樣，會希望能回到過去並做出不一樣的決定。無論母親面臨怎樣的艱困，社會也不期待、甚至不允許她們去感受與思考：有可能成為母親本身，就是一個不幸的決定。*

不談及後悔及不願破壞母親形象，使得母親被排除在人類的後悔經驗之外，不論是在公開辯論、[3]各學科的理論或是女性主義作品，幾乎沒人會提及後悔成為母親。大多數關於母親的記述會談到嬰幼兒母親的感受和經驗，也就是這些女性為人母的初始階段，而關於較年長孩子的母親的文獻是相對匱乏的，這種情況說明了對母親們的追蹤了解較少。此外，我們也能找到文獻談及即將為人母的過渡時期有怎樣的不滿；然而關於這些不滿的女性的後續追蹤卻付之闕如，議題也多半繞著堅持不生育子女的「那些女人」打轉，根據這些情況看來，似乎連女性主義的論述中也不見重新評估這些母親的空間，更遑論是後悔了。

近幾年來，網路上幾次出現後悔當母親的討論議題，[4]但這些討論的真實性往往受到質疑。也就是說，人們拒絕相信真的有人後悔為人母；又或者人們憤怒和扭曲地將這些感到後悔的母親烙上自私、瘋狂或有病的印記，並且認為這些不道德的人類恰好證實我們生活在一個無病呻吟的社會中。

這兩種截然不同的反應，在二〇一五年四月起於許多西方國家、特別是德國爆發的激烈論辯中展露無遺。當時我在學術期刊《Signs》上發表了一篇關於「後悔成為母親」的文章，[5]並接受德國媒體訪問，[6]隨後這個議題便以「#後悔當媽媽」為標籤，在各界掀起軒然大波。

在這些文章發表之後，引發了激烈的社會論辯，輿論場隨即被兩種聲音淹沒：一方面是對那些「後悔當媽媽」的女性的強烈譴責，另一方面則是來自同樣懷有後悔

---

*研究顯示，後悔包括了想像、記憶、批判和評估的認知方面，及懊悔、悲傷和痛苦的情感觀點。珍妮特・蘭德曼（Janet Landman）認為後悔是過去的感知經驗或是合乎邏輯的情感（Janet Landman, Regret: The Persistence of the Possible, New York: Oxford University Press, 1993），而我試圖嚴格區分這兩者時發現認知和情感往往無法精確地區分開來，因此在本書中我將後悔界定在情感方面。

之情的母親們所表達的鬆了一口氣的感受。此外，還有無數女性與母親透過「後悔」這個情緒，進一步訴說她們因為社會或家庭期待而不得不成為母親，或是不得不成為主要照顧者所帶來的壓力與痛苦。數百篇文章出現在育兒部落格、媽媽社群和各大社群平臺上，趁著這個時機（終於或再次）傾訴那些長期深鎖在門後、不敢說出口的感受，而過去她們則為了避免社會大眾嚴苛的批判和評論，都選擇把這些話默默放在心裡。

這些因為後悔而在德國引發的激烈辯論，涉及了「完美母親」以及與之相對的「冷漠母親」的二元概念，這樣的爭辯表明我們正面臨各式各樣需要處理的情感，包括後悔。而這些討論也同樣強調著，當我們試著解決所有疑惑時，還有些事情仍未浮上檯面、有些話語仍然被咬在舌尖上未能說出，也沒有人傾聽，而那些後悔的母親仍然是個深深的禁忌。

我的研究從二〇〇八年持續到二〇一三年，最初的目的是要讓這些把話藏在內心的人得以傾訴，我傾聽這些後悔的母親們陳述，她們來自不同的社會群體，其中有幾位已經當上祖母了。

在本書中，我追溯她們成為母親的歷程，分析她們在孩子誕生後的理性和情感世界，建構出他們的感受與生命中的痛苦衝突——這樣的痛苦來自於她們希望自己能夠擺脫母親身分，但事實上她們已經成為人母的落差。此外，我也調查這些不同的女性如何認知這些衝突並且如何處理它們。

我不會去確認後悔的母親本身的生活方式，這類的焦點會讓社會大眾找到臺階下。如果我們把後悔視為無法適應母親身分的個案，並認為這位媽媽應該更加努力，忽視許多西方社會對待這些女性的方式，或者我說得更精準點——漠視女性的處境。我們的社會非常積極地將每一位身心健康的女性推向母親身分；卻也坐視這些女性落入母親特有的孤寂無力之中，而原先態度十分積極的社會大眾，則不會為此承擔責任。因此，「後悔」並非如過去幾個公開辯論中提到的「現象」，這不是在邀你看邀請「不正常女人」參與演出的「情緒化怪胎秀」。如果我們把情緒也視為一種對權力體制的抗議，[7]那麼後悔不只是提醒社會不要苛求母親們的警鐘，也提醒著我們去重新審思生育政策，以及我們認為女性有義務成為母親的觀念。這些後悔來自「當初沒選的路」，也顯示出，社會早已預設並抹除其他可能的選項（例如不為人母），讓女性難以選擇其他的人生。後悔是橫跨在過去與現在、記憶與現實之間的橋樑，後悔的母親們想說出她們被要求要記住與忘卻什麼，並在這條單行道上繼續走下去。

此外，既然「後悔」本就是人類面對他人、或面對自己所做（或被迫做）決定後果時可能出現的情感反應之一，那麼「後悔成為母親」也就從另一個角度揭示了我們是否有能力、或者無能為力，去將母職視為一種人際關係，而非一種角色，或一個神聖不可侵犯的領域。從這個意義來看，「後悔」其實有助於繼續打破那種將母親視為「服務他人之客體」的觀念——那種只將母親的幸福緊緊綁定在孩子幸福上的觀點，而忽略她們其實是獨立的主體：她們擁有自己的身體、思想、情緒、想像與記憶，也應有權去判斷這一切是否值得。

「後悔」是什麼？

在某些談論起後悔為人母議題的國家中，有些有趣的情況：這些關於後悔的討論主題偏移的速度非常快，很快就從一開始討論的重點——後悔，轉移到母親的矛盾心理。這種情況可能是因為儘管後悔的情緒確實是母親身分中常見的衝突經歷，但這個社會要求母親對此保持緘默。然而後悔和矛盾終究是不一樣的：後悔可能牽涉到母親的矛盾心理，但對母親身分的矛盾心理並不就意味著後悔。有些母親對自己的母親身分感到矛盾，但她們並不感到後悔；而有些後悔成為母親的女性並不對母親身分感到矛盾。換句話說，「後悔」所處理的，並不是「我要如何與母職和平共處」這個問題，而是「成為母親這件事本身就是個錯誤」的經驗。

我認為不該把後悔和矛盾心理混為一談，而完全忽視該傾聽那些後悔成為母親的女性的聲音。如果我們跳過後悔，只是侷限於談論母親身分的辛勞，並「克制」自己不去審視「為人母是必然的人生經歷且有其價值」這個金科玉律——那麼我們將不再有機會了解，這些感到後悔的母親究竟是落入了什麼樣的困境。後悔應該被視為議題的中心，後悔正源自於「**成為母親**」這件事。女性能考慮及自主決定要不要生下及養育孩子的空間其實非常有限。

將後悔置於議題討論中心，也能夠讓我們了解那些不感到後悔、但在為人母的過程中歷經艱苦的母親的心態，她們被要求不能有「越軌」的渴望，然而她們偶爾也會想要將母親的身分從人生經歷中抹去。如此一來，將重點聚焦在「後悔」來研究母親身分的方式，這個切入角度將適用於所有受到社會結構影響的母親，也可以從另一個方向來了解她們的經驗並幫助她們暢所欲言。

有鑑於我們所面對的母親經歷非常多元，在我的研究中，我們界定後悔的第一準則，是這些母親的自我認同是後悔當媽媽，並積極參與一個從研究初始就明確命名為「後悔生兒育女」的研究當中。＊

但這不是唯一的標準，因為在我訪談這些母親時，有許多母親因為有興趣參與研究而跟我聯繫，但在和其中一些人談過後，事實證明儘管她們也經歷了為人母的矛盾與衝突經歷，但他們並不確定他們自己是後悔為人母的，因此我並沒有將她們的資料納入這個研究當中。

此外還有兩個判斷準則能夠幫助我判別母親身分的困境或矛盾，而非後悔。其一是當我詢問這樣的問題：「如果妳能帶著妳現在所擁有的認知和經驗重返過去，妳還是會讓自己成為母親嗎？」而答案是否定的時候；第二個準則是另一個問題「依照妳的觀點，成為母親有任何好處嗎？」而我得到的答案是「不」的時候。有些母親會堅定地回答「不」，但有時我得到的答案會是肯定的——受訪者認為為人母還是有些好處——然後我會接著問這個問題：「從妳的角度來看，為人母利大於弊嗎？」而她們的回答是否定的。

在這個研究中，符合這些準則女性的後悔經驗是非常穩定的：從懷孕以來就後悔，從生完孩子或是成為母親的第一年就後悔，直到今日仍然後悔。而這些準則也闡明了為何「我該如何接受為人母的困難？」這個問題，與「成為母親是一個錯誤」的經歷並不相同；正如「我因為母親身分而受苦，但對我來說孩子的微笑值得我付出一切」和「我因為母親身分而受苦，而我不覺得世界上有什麼值得我這樣付出一切」是不一樣的。

關於後悔的母親們

當我們開始一項研究時，如果研究主題帶有汙名或整體而言相對罕見，那麼研究人員往往會發現他們找不到訪談對象。[8]我不知道後悔成為母親有多麼常見，我也無

---

*二〇〇八年到二〇一一年間，我也和幾位父親進行深入訪談，他們的年齡分布在三十四歲到七十八歲之間，其中有一位已經當上祖父。在訪談四年後，我決定將重點聚焦在媽媽們身上，因為我無法更深入地了解為人母及為人父這兩個領域的相似性及差異性。

從判斷起，但我可以肯定這個主題絕對是帶著汙名及禁忌的，因此，要接觸這些願意為我的研究談起她們遺憾經歷的女性並不是件易事。事實上，在這些年我和這些後悔成為母親的女性接觸的過程中，有時她們會在我試著安排訪談的時候切斷聯繫，也有些婦女在我們約好訪談的前一天突然要求取消，因為她們害怕直接展現出會使她們遭受指責的情感立場。而這樣後悔的感受直到那時為止，都是只被她們放在心底而已。

我透過四種方式來接觸那些參與研究的女性：第一種方式是在以親子關係和家庭為主題的以色列線上論壇張貼公告；第二種方式是在各種媒體與講座上針對我的研究項目討論及撰文，闡述我作為一個女人但卻無意為人母親的觀點，或是談到我在以色列針對無意為人父母的男女所做的研究（這項研究後來付梓出版）；第三種方式是非正式的口耳相傳；最後，我採取了滾雪球增大法，透過那些已經表態願意參與研究的女性和那些她們認識、而且也和她們有著相似感受的母親們取得聯繫。

開始著手撰寫研究成果之前，我和參與我研究的二十三名女性接觸，其中有一些女性早在兩年多前就已經被我訪談過，我邀請她們選擇在研究中被引述時會用到的名字，以下是她們的簡歷及人口統計資料：

年齡：這些女性的年齡分布自二十六歲至七十三歲不等，其中有五位已經當上祖母。

民族及宗教：所有女性都是猶太人，其中有五位自認是無神論者，十二位是世俗派，三位有不同的宗教信仰，三位拒絕標記自己的複合宗教信仰。

社會地位：有七位母親自認為勞動階級，十四名是中產階級，兩名為中上階級。

教育程度：受訪者中有十一位擁有大專或大學學歷，三名擁有專業證照，有一位女性在接受訪談時正在攻讀她的商業分析師資格。

受薪就業情況：受訪者中有二十名曾經被雇用過，其中有部分人在受訪時仍然是職業婦女；有三名是家庭主婦。

小孩數量：有五名女性有一個孩子，十一名女性有兩個孩子（其中一位母親生下雙胞胎），五名女性有三個孩子（有一名女性生下雙胞胎、另一名女性生下三胞胎），二名女性有四個孩子。這些孩子的年齡分布從一歲到四十八歲。受訪者的五十個孩子中有十九名年齡低於十歲，三十一名年齡高於十歲。五十名孩子都沒有肢體傷殘，但其中五名被界定為有特殊需求（自閉症或注意力不足過動症）。有五位母親曾經借助輔助受孕技術以懷孕生子。

性取向：其中一名女性自認是同性戀，但曾經與男性交往而生下孩子；其他受訪者沒有明確說明她們的性取向，但她們曾經提及她們的異性經驗。

婚姻狀態：這些女性中有八人已婚或是有長期伴侶，十四名離婚或是分居，一位是寡婦。她們都是已婚後才懷孕（從未是單親媽媽），也並非在青少年時期就懷孕生子。十四名並未和孩子的父親住在一起的受訪者中，有三名並未和子女一起生活（孩子們和父親一起生活）。

對我而言，除了使用質性方法如深度訪談來研究「後悔成為母親」之外，沒有其他選擇，這主要是因為一個關鍵理由：目前關於「後悔」的研究大多屬於量化研究，通常是在實驗室條件下透過心理學實驗進行，研究者會向受試者（無論男性或女性）呈現某些假設情境，然後請他們評估在相同情境下自己會有何種感受與行動。這類研究在理解「後悔」方面確實有重要貢獻，但往往是以將受試者與其個人生命歷史切割、將「後悔」與其所處的社會脈絡分離為前提。[9]

本研究則希望加入另一類型的探究取徑——一種能夠擴展知識來源的方式，透過傾聽受訪者的具體語句、淚水、聲音的提高、諷刺的語氣、笑聲、停頓與沉默，去理解情緒的表達。這些情緒表現不僅是通往情感本身的入口，更是通往時間軸的入口，使我們得以從女性的觀點出發，將這些感受放置在她們個人的生命歷程之中，同時也放置在一個更宏觀的社會敘事之中。

也許有人會問我，光靠調查這二十三名女性的資料有什麼科學上的價值，但這項研究和這本書從未打算提出一個代表性的樣本來建立一個普遍化的「母親」形象。相反地，這個研究打從最開始的宗旨就是勾勒出一個複雜的路線圖，讓各種主觀的母親經歷都能呈現出來，讓來自不同社會群體、形形色色的母親能在其中找到自己的位置。大體而言，這本書刻意不去界定這些母親的內心世界，而是相信這些女性能夠在這些路線當中找到自己的定位。

在這樣的研究中，對參與研究的女性而言，像我這樣一個從未成為母親的人有著重要的意義：訪談過程中，不只一次有受訪者問我是否已經為人母親，而我並未遵循被認為是科學研究的共同準則——一個研究人員不得回答一個針對自己的問題——我給了她們答覆。[10]依據我的理解，若我不回答這些問題，對這些參與研究的女性來說是不公平的，對於同樣作為訪談現場主體之一的我來說也並不公平，我依據自己的判斷和感知決定如何訪談這些受訪者。

因此我回答了，我告訴她們我沒有孩子，也不打算生兒育女，而這個答案使我們帶著微妙的差別針對這個議題繼續展開討論。就一方面來說，這個答案有時會使這些母親的臉上浮現痛苦的無奈和羨慕，因為對某些女性來說，我代表著她們在後悔中渴望擁有的形象——不是任何人的母親。這個形象提醒她們:這是她們沒能走上的人生之路。而就另一方面來說，我的答案也明確表示著：我不會在我們的談話中或訪談結束後，因為她們後悔成為母親而給予社會評價；再者，在我的想像中，如果我是一位母親，我可能會像她們一樣感到後悔。因此，訪談者和受訪者在理解與想像的相似性中建立了共同的語言，哪怕只是片刻的時間或是一部分的共同語言。

這種母親與非母親之間的相似性，顯示出單就家庭身分本身，往往並不能真正說明什麼。本書將不斷指出，實際的家庭狀態有時反而掩蓋了一條橫跨不同情感傾向的光譜——這條光譜連接著對母職的渴望與對非母職的渴望。從這個角度來看，某些因健康因素而無法成為母親的女性，可能與母親一樣，對生養孩子懷有強烈渴望；而已為人母的女性，也可能渴望像那些選擇不生育子女的女性那樣，拋開自己的母親身分。

若我們能正視這些跨越「母親」與「非母親」身分界線的流動狀態，就能重新洗牌社會賦予這兩種身分的二元分類體系。這種分類常常導致「分而治之」的心態，讓成為母親與否的女性彼此對立、彼此陌異，彷彿毫無共通之處——而這本書想說的，恰恰相反：我們其實可能是彼此的盟友。

本書概要

第一章的內容指出，在鼓勵生育的西方社會中，社會期待普遍希望女性成為母親。我們將會看到這些社會期待以兩種面貌出現：第一類是「自然論」，基於生物學上的天命，女性除了成為母親以外不存在其他選擇；第二類是新自由主義、資本主義及女性主義的論述，認為今日的女性比起過往已經有了更多的選擇權，而如果有這麼多的女性都選擇生兒育女，那麼——這就證明了她們都是按照自由意志而成為母親。透過傾聽這些女性述說她們如何成為母親，我們將明白成為人母的歷程比想像中的還要複雜許多，而這樣的多樣性也許能告訴我們，女性成為母親並不是那麼確切地因為她們想要成為母親，或者只是因為她們「剛好」成為母親。

第二章我們要談到的內容是「高規格要求的母親典範」，它明確規定了母親應該是什麼樣的人，以及她們應該如何行為、思考、外貌與感受——一切都必須符合一套嚴格而整齊劃一的情緒規範。母親們和這些準則、行動和情感立場的不一致，都是用以探究女性之所以後悔成為母親的切入點，我們也能藉此進一步區分後悔及矛盾心態的差異。

第三章中，我們更進一步的探究後悔，後悔一般被認為是個有爭議的情感態度，尤其是後悔成為母親一事往往被視為是不正當的態度。章節中指出，「後悔」如何被社會用來當作一種控制手段，藉由威脅「未來妳會後悔」來促使女性生育，並保證「一旦成為母親，就不會感到後悔」——這些話語通常伴隨著一種「女性本質適合為母」的進步論述，彷彿只是一個時間早晚的問題。然而，母親們是會後悔的。

第四章要論述的是社會性的承諾，社會認為「殘缺」的女性在生兒育女後會成為「完整」的母親，社會承諾女性們在生下孩子成為母親後會感覺圓滿，但母親們可能會認為母親身分就如同是個創傷，而且我們會看到這樣的感受是無止盡的。母親永遠是母親，即使在孩子們已經長大成人後，這樣的創傷仍然伴隨著母親並導致她們的後悔。本章闡述了母親們作為母親與希望自己不是母親的衝突心態的實際例子，例如在不想要孩子與所愛之人間的拉扯，幻想要將孩子們或母親本身從家庭這個方程式中移除；以有別於主流的方式來安排生活；因為後悔而質疑是否該生下更多孩子等。

第五章探討的是公開談論後悔成為母親的緊張局勢，那些不滿、困惑或失望的母親的聲音總是會受到限制及遭到譴責，在這樣的社會氛圍中，本章探討母親們為了是否該告訴孩子她們後悔的感受或是該在孩子面前保持緘默而天人交戰。

第六章試圖指出，如果「後悔成為母親」這件事不再被社會否認與排斥，它可能帶來的兩個重要意涵：首先，它挑戰了一個普遍的假設——也就是母親是否能滿意地適應母職、是否能在其中維持某種情感上的安穩，這些都被認為是完全或至少主要取決於她們撫養孩子時所處的條件。這種假設在本研究引發的公眾迴響中可見一斑，因為有許多母親認為後悔之所以產生，是因為她們被迫在「生小孩」和「發展事業」之間做出選擇，同時她們每天也都在掙扎於母職與工作之間的衝突，卻又得不到社會足夠的支持。然而，我的研究結果顯示，這樣的假設值得被質疑。

第二，這一章主張，若要真正理解「後悔成為母親」這件事，並進一步為母親們創造更多空間，社會就必須停止將「母職」視為一種角色，而應將其理解為眾多人際關係中的一種——在這段關係中，母親是具有主體性的人，她們會思考、權衡、評估並做出取捨，而這些行為本被認為應該只存在於「公共領域」及其邏輯之中。

在這裡，我只希望這本書，以及書中刻意收錄的大量引述與多元聲音，能夠成為我們的一個空間——屬於女性與母親們的空間，一個我們可以訴說「不想再忍耐」、堅持要開啟改變對話的地方。

而這是我們應得的。

Chapter 1

當女人成為母親

「這個社會有個真理、有個假設是這樣說的，說我們都想要孩子，如果沒有孩子的話會很不快樂。而現在，我在這些觀念下長大成人，但這不容易，這並不容易，現在我有了三個孩子，我覺得這一路走來真的非常辛苦。我從這個社會獲得的訊息和我自己的感受之間有著非常大的差異。」

—— 多琳（擁有三個年齡介於五歲到十歲的孩子。）

「女人即母親」。[1]這句話簡潔地描述了自人類有史以來的一個跨文化事實：女性不僅是孩子們的主要照顧者，她們本身就是母親。

我們看看周遭，就能看到許多活生生的例證。大多數女性確實都成為母親，但這不代表我們了解這些女性是走過怎樣的心路歷程才成為母親，而且我們也不知道女性在生育子女前後的各種想法。舉例來說：有些女性在情感上完全不想成為母親，甚至會刻意避免與孩子有任何日常接觸；也有女性雖然不想成為母親，卻喜歡孩子的陪伴，因此選擇投身療癒或教育等專業，與孩子共處，或是陪伴姪子姪女、家族裡的其他小孩。有些女性想要當母親，但不想經歷懷孕與生產，因此傾向收養；也有些女性渴望成為母親，卻對懷孕與生產充滿恐懼，於是選擇避開母職。有些女性是在社會壓力與制裁之下「不得不」成為母親；有些人並不真心想成為母親，只是希望藉此得到某些東西；有些人其實不想當母親，但考量伴侶強烈的育兒願望而考慮；還有一些人，回頭看時，也說不上來自己當初為什麼會成為母親。

為了進行這項關於後悔成為母親的研究——質疑自己是否想當媽媽的情緒態度——了解女性成為母親的各種心路歷程是個必要的起始點。此外，了解她們的心路歷程，也能讓我們重新思考過去不容置疑的的假設——女性成為母親，是心甘情願——而這樣的假設在過去一直被用於誘導女性成為母親。我們接下來將會看到，這些看得見的母職，並不代表女性對於自己作為一位母親的狀態都擁有明確或一致的情感態度。

是「天性使然」，還是「自由選擇」？

「每一位女性都應該生兒育女」這個社會性假設，一定程度上與自然的生理構造相關。女性的身體具有繁殖力，能夠受孕、懷孕、分娩及哺乳，[2] 因此社會透過女性能夠懷孕與否來評斷她們，女性的生育能力也被視為她們生命中最重要的元素及存在於世的理由。*她們被視為生命之母，人類藉此在生命的洪流中掙扎求生，但這樣的評斷角度使得女性被困在自然的網羅當中，理所當然地被認定應該因為她們生理構造

*這種將女性身分與生育能力視為基本關聯的假設，經常被用來排除跨性別女性，使其不被視為「真正的女性」，並指責她們涉嫌危害社會的道德秩序。

上的生殖能力而負起生兒育女的義務，她們被動地遵循著宿命而生，此外別無選擇。換句話說，就如同許多女性主義作家已指出的，歷史與文化概念使得女性處於別無選擇的境地，只能遵循她們的生理性別而懷孕生子，而社會運用「自然論」來說服這些女人生兒育女，這樣的論調可說是生物學的專制行為。[3]

然而社會上同時也存在另一個相反的假設，認為所有的女性都渴望成為母親，這些女性因為自由意志選擇當媽媽，她們積極、明智而理性地走向為母之路，遵循她們絕對自由的意志。每當女性談及她們面臨的困境時，她們得到的回應往往是「別抱怨了！這是妳的選擇！妳必須為此負責！」

相對根植於生物學宿命的自然論（認為每個女性成為母親是個自然結果），認為女性基於內心意願而成為母親的自由選擇論，是在現代、資本主義與新自由主義政治下形成的，認為女性有權利主宰自己的身體、決策及命運。時至今日，有越來越多的婦女能夠接受教育並有償工作，能更開放地決定要不要談戀愛及跟誰談戀愛，我們的社會認為有更多的女性已經有能力親自譜寫人生故事的主旋律。如果人生是由你的決定而構成，如果人生是個自我實現的傳記故事，那麼如今的女性被視為能獨立行動並擁有眾多選擇，她們可以像個精明的消費者那樣自由地從中選擇。

基於自由選擇論，我們假設女性之所以成為母親，是因為她想藉此去體驗她的身體、自我及整個人生，而且這比她先前的人生歷程更好：

母親身分是合理而有價值的驗證方式，證明她的必要性和生命力；母親身分能讓女性藉此對自己和全世界宣布她是一個女人——透過創造新生命、保護及養育新生命的方式來證明。這使得女性得以和祖母、母親聯繫在一塊，成為那些從開天闢地以來就開始創造新生命的「女人」們的一員，她從物理上忠誠地實踐這項傳統，而如今她也能將之傳遞給後代。

母親身分不只給予她們歸屬感，也使她們得到文化拒絕給予的特權：她將能夠支配孩子，而不是將這個權力交予世界；當女性離開「父親的家」並建立自己的家庭時，母親身分將會引導她們成為成熟的女性，透過生殖的經歷來修補殘缺。母親身分能讓她們回顧那些被遺忘的孩提時期，像在私人遊樂場馳騁一般；女性和其伴侶能夠透過兩人生下的孩子形成緊密和親暱的同盟；同時，母親身分也能激勵女性，使她們脫穎而出。她將全心投入，忍受痛苦並滿足各種要求，表現出利他主義的善良仁慈並不求回報，母親身分會消除她的孤獨並使她渴望愉悅、驕傲、滿足及無條件的愛，這是一個能夠讓她展現自我的新天地。

當女性組成了一個新家庭，母親身分能提供庇護，讓她將她人生傳記中的忽視、貧窮、種族主義、嘲弄、孤獨和暴力抹去，拋諸腦後。透過母親身分，她將會有無限的可能性，這個身分擔保著值得尊重的成熟性、連續性及更美好的未來，使她的人生不至於漫無目的。

如同上述，這個社會幾乎是隨時向青春期和成年後的女性們給出承諾。

就另一方面而言，這些承諾也如此裁決那些未為人母的女性——那些不履行自然定律帶給她們的能力、那些沒辦法受孕和生育的女性是殘缺的。而那些雖然想當媽媽但是受到環境限制而未能生育的女性（不希望成為單親媽媽、伴侶不希望有孩子、經濟能力有限、有身體或精神上的障礙）也可能被烙上負面的印記。此外，在眾多鼓勵生育的國家，如以色列，*那些不想懷孕、生產並養育孩子的女性往往會招致憐憫與猜疑，被視為自私、享樂主義、幼稚、聲名狼藉、殘缺、危險等，他人甚至會懷疑她們頭腦有問題。以下是某些人對這些不想當媽媽的女性的標準回應：「這些只想到自己自由的女人應該去接受治療，好好治好她們的毛病」、「妳的夜生活經驗值很快就會爆表，妳的眼前只會有電腦螢幕而不會有孩子的笑臉，祝妳下半生好運啊！」、「妳是個女人，妳應該生小孩」、「妳實在很冷漠無情」、「妳自己也曾經是個孩子，不是嗎？」、「去看心理醫生」。[4]

這些訊息不僅是果斷的裁決，也往往伴隨著末日預言，宣判那些自願放棄生育的女性生命空虛並為此受到折磨，擔負著後悔、悲傷與寂寞，生命因為缺乏意義而黯淡無光。

也因為如此，這個社會認為健康和理智的女性可以按照自己意志，自由選擇讓自己不生兒育女是一件很不可思議的事；相反地，社會認為女性有義務且應當心甘情願地在為母之路上取得進展並加以實現。

同樣的，女性主義作家，如安琪拉・麥克羅比（Angela Mcrobbie）、羅莎琳德・吉爾（Rosalind Grill）、瑞奇・索林傑（Rickie Solinger）及基內雷特・拉哈德（Kinneret Lahad）等人，揭露了根本不存在「選擇」，這些選擇只是一層假象。這

---

*遠在以色列建國之前，母親身分在公共討論中就是個榮譽的象徵，我們在宗教戒律中也能找到「生養眾多」之類的敘述，將女性生兒育女視為義務，而且這樣的概念在現今以色列軍國主義、民族主義及猶太復國主義領導下的世俗意識形態中也佔有一席之地。在已開發國家中，以色列的生育率居冠，而以色列社會中另一個生育率的特徵是大量運用生殖技術。就生殖技術來說，以色列是全球性的超級大國，比其他國家更廣泛地運用生殖技術。

些作家告訴我們：儘管人們用自由、自主、民主及個人責任來包裝「自由選擇」，但實際上「自由選擇」只是空談，因為這個概念「天真地」忽視了不平等、強迫、意識形態、社會控制及權力關係。這個社會告訴我們，我們的個人選擇使我們過著現在的人生，彷彿我們能夠全權編排我們的人生劇本，能全權編寫任何不幸和悲劇；我們深深受到知識、歧視及強大的社會力量形成的道德體的影響及嚴格規範，而這些影響了我們所做的決定。[5]

當我們談到生兒育女及成為母親時，「女性擁有許多選擇」這個概念是非常值得懷疑的：說到自由選擇權，在今日的社會環境中，女性真的擁有轉圜空間嗎？也就是說，我們只能自由選擇「**社會給我們的選項**」？這件事看起來像這樣：只要女人迎合社會的希望及被賦予的優先次序和角色來做決定——例如性解放、外表整齊端莊、處於異性戀愛關係、專心致志的母親，我們將獲得社會地位，被視為自由、獨立、自主的個體，被當作一個願意盡力履行義務的人。然而當我們的選擇與社會期待衝突——例如說，我們拒絕美容保養，或是拒絕維持一般的戀愛關係（特別是拒絕與男人談戀愛），那我們就會惹上麻煩。我們不只會因為我們的行動而受到譴責，也必須去面對隨之而來的結果，因為「這是**妳的**選擇！」而且可能還會有人補上一句：「而且是個糟糕的選擇」。[6]

在這樣的氛圍下，儘管和過去相比已經有越來越多女性可以決定她們要不要生育子女，但她們大多數還是符合預期的「做出正確選擇」，生小孩，而且生下「正確的數量」。然而英國經濟學家蘇珊・希莫維特（Susan Himmelweit）說，在決定是否生育子女這方面，自由選擇的概念並不一定適用於所有女性及情境，對想要有孩子跟不想有孩子的女性皆然。也就是說，在今日的現實社會中，仍有一定比例的女性在社會制約下選擇生小孩或是不要孩子。[7]

受壓迫的族群及（或）受壓迫階級的女性往往缺乏節育資訊或常常受到誤導，甚至常常被視為沒有資格為此做決定，女性可能因為受到性侵而懷孕、生產並撫育孩子；在非必要或不自主的情況下因為壓力而決定終止懷孕；有身體障礙或精神障礙的婦女被勸阻而不懷孕生子；而即使「只是理論上」——貧窮及（或）非白種人婦女往往被剝奪組織大家庭的權利。此外，全球各地的女性不斷被「她們應該為了國家利益而用子宮來充實新成員」這種訊息轟炸，在眾多例子中，我們可以援引澳大利亞為例：二〇〇四年時，澳大利亞財政部長彼得・柯斯特洛（Peter Costello）呼籲，考量到低出生率及增長的養老成本等國家利益，應該鼓勵澳大利亞女性多生小孩，他的口號是這樣：「為母親生一個，為父親生一個，為國家生一個」。他要求人民「今晚回家履行你的愛國義務」，[8]這些局外人使用兩面手法，一面採用鼓勵生育的政策和獎勵措施，一面他們又像教宗方濟各在二〇一五年提到的「自私的選擇」說法，來汙衊那些決定不生小孩的人。

我們可以在許多母親的證詞中看到這種有條件的自由，例如一位以色列著名的模特兒兼演員這麼說：「我承受著要生第三個孩子的壓力……我周圍的人都在等待我生第三個孩子！每個人都在告訴我，為了以色列所面臨的戰爭（這裡指猶太人和巴勒斯坦人的衝突），我的安息日餐桌旁應該多添一個孩子。」[9]

而一位德國的部落客這麼說：「即使是在二〇一五年，妳周圍的人仍然這樣看待妳——妳是個女人，妳會想要孩子並且會盡快生幾個孩子。這種女性即母親的社會結構是如此深入人心，使得許多女人因為被施以這樣的壓力而（無意識地）在某一天生了孩子……（中略）……『我不想生小孩』這句話是一個禁忌，我幾乎每天都得面對這樣的禁忌（尤其是當我到了生物學上適合生產的年齡時），這樣的壓力無所不在，我的朋友、同事、家庭醫生——他們都在問我什麼時候打算生小孩、如何規劃，還有為什麼我還沒生小孩！」[10]

歸根究底，這些孩子的誕生並非必然的結果，也不是因為「自然論」或「自由選擇論」而生，他們的出生很可能只是因為女性別無選擇或是不知道還有其他選擇。11美國女性主義哲學家黛安娜・帝金斯・邁爾斯（Diana Tiejens Meyers）指出：這是因為我們的想像力受到限制。社會文化的灌輸，使女性將成為母親視為唯一可想的人生劇本，這樣的想法滲透入女性的意識中，擠掉其他所有可能的方案，這樣純粹的想像使妳只能做出唯一的選擇。12

這種精神上的殖民出現在來自不同社會群體、走在不同人生路徑的女性身上，而且往往隱蔽在「自然論」及「自由選擇論」之下，而這些論點都宣稱女人渴望成為母親。正如我們在研究中能看到的，並非所有女性為母之路的起點都是渴望擁有孩子，或者至少那不是最重要的原因。有些母親說，她們隨波逐流，沒什麼特別的想法就成了母親；有幾位母親解釋，她們並非因為想要孩子而生兒育女；而有些女性遠在她們懷孕之前就知道自己不想要孩子，有些人甚至從孩提時就知道她們不想為人母，但卻因為外在及內在的壓力而選擇生小孩。

總之，我也成為一位母親

當懷孕生子象徵著常態及人生旅途的必經之路，而母職被視為首要而至高的人際關係時，生育子女就成為理所當然之事。母親們很難陳述她們想要孩子或不想要孩子的理由，我們沒法簡單的辨別她的內心意志及形塑角色的規範。

桑妮

擁有四個孩子，其中二名介於五歲到十歲，另外二名介於十歲到十五歲。

我：妳還記得妳在二十六歲前對於生小孩這件事有什麼看法嗎？

桑妮：哦，我對此一無所知。答案很簡單，我什麼都沒想過，我甚至連小孩都沒抱過。

我：那妳想要孩子嗎？

桑妮：在我結婚之前，我對小孩完全沒興趣。看到小孩會讓我覺得噁心（笑）。我就是很排斥，一點都不感興趣。但結婚之後，我開始試著想像自己對小孩可能會有什麼樣的感受。我看到他的家人都有孩子，於是我試著去接受他們那種心態。我其實根本不知道那是什麼。我只是試著去觀察、去理解。

我：所以，妳後來為什麼生小孩呢？

桑妮：因為我覺得我準備好了，是時候進入下一個階段了。我希望自己能和其他人一樣。此外，我認為這是一件正確的事情，這對我的婚姻和我都有好處。但我實際上並不明白那意味著什麼。

妮娜

擁有兩個孩子，一個孩子年齡介於四十到四十五歲，另一個介於四十五到

提爾紗

五十歲，妮娜已當上祖母了。

我：妳說，當時妳並不想要孩子，那是什麼原因讓妳決定生下第一個孩子？

妮娜：妳知道，這其中有太多社會輿論的影響。那個時候我其實很沒有自信……就會順著「什麼是正常的」。妳有家庭、有伴侶、有一段關係，那麼妳也應該要有個孩子。這不是什麼「我們決定要這樣」的計劃。事情就這麼發生了。它發生也沒什麼不好，但它並不是出於我們思考「現在是不是對的時機」、我們該不該等一下、還是早點生。我們從來沒有真正坐下來談過。事情就這樣……發生了。不是刻意安排的。

（中略）我不知道我當時有沒有那個勇氣……有沒有勇氣去決定我要和別人不一樣，勇敢地說我不想要孩子。

擁有兩個介於三十歲到四十歲的孩子，提爾紗已當上祖母。

提爾紗：我身邊每個人都生了小孩。那時候我身邊全是年輕的女人，正在哺乳、推著嬰兒車、帶著寶寶、換尿布……這些就是我所處的環境。這是常態，不只是神聖，而是「過度神聖」。你根本不能談這件事，更不能說出任何質疑的話。在異性戀的圈子裡，在我們那個基布茲（注：以色列的集體農場），沒有任何一個女人不是媽媽。不管是已婚、離婚、喪偶——沒有一個人是沒有孩子的。根本沒有這樣的「生物」存在。這是常態，而且也沒有人去想這個問題。就連去思考「不生」這個選項的空間都不存在。它從來不曾進入我的意識範圍。完全沒有。

對那些「無意識地」成為母親的女性來說，她們在生小孩前沒能權衡後果，也並未考慮到有小孩或沒有小孩代表什麼樣的意義，有些受訪者這樣表示：「我甚至沒花上一秒鐘去思考過」、「事情就這樣意外地發生了」、「我認為有什麼在促使我們採取行動，但我甚至沒注意到那是什麼」、「我沒做任何判斷」。

絲凱

擁有三個孩子，其中兩個介於十五到二十歲，另外一個介於二十到二十五歲。

絲凱：我從來沒有認真思考過，也沒有試著去理解「把孩子帶到這個世界上」到底意味著什麼——我能不能承受？我準備好了嗎？這件事到底適不適合我？我會成為怎樣的母親？這些我通通都沒想過。現在回頭看，最讓我震驚的就是——我怎麼會完全沒有想過這些。

如果我們接受考量成本、效益及後續影響對「自由選擇」來說是必要的，[13] 而且也接受所謂的「選擇」是：有一個以上不會附加制裁和懲罰的選項可選，那麼這種不加考慮後果、或是沒想過是否渴望有孩子就當上媽媽的情況，就幾乎不能被當作是「純粹的自由選擇」。對這些情況來說，更接近的說法應該是「被動地採取決策」，人們只是「隨波逐流」，而且可能不會認真考慮自己的行為可能會帶來怎樣的後果，就好像這些後果已經廣為人知似的。[14]

這類沒有經過思考或個人裁量的被動決策、或是「無意識」就成為母親的情況，往往發生在她們所經歷的社會常態並未要求考慮、或猶豫要不要有孩子的情況下，而這類關於審慎考量的看法幾乎是隱蔽而不可見的，[15]套句妮娜的話：「總之孩子生下來了，沒有經過刻意的規劃……」

關於母親的無形規範之一是，女性應該遵循某些自然過程。

夏洛特

擁有兩個孩子，一個介於十到十五歲，一個介於十五到二十歲之間。

夏洛特：我在二十四歲時生下我的兒子，那段經歷非常可怕，而整件事就是這樣發生的。在宗教社會中人們結婚生子——這是每個人都遵循的某種路徑，而且我從沒仔細思考過這個問題（長長的停頓）。因為社會壓力，因為每個人都這麼做了，在宗教社會中每個人都生了孩子，所以我也跟著生了孩子，沒有多想。

羅絲

擁有兩個孩子，分別介於五歲到十歲及十歲到十五歲。

我：在妳真正成為母親之前，妳怎麼看待成為母親這件事？

羅絲：當我在二十一歲那年結婚時，我完全沒想過……「成為母親之前是怎麼看待這件事」對我來說是毫不存在的。在我們「已經」結婚兩年半時，我們沒想太多就決定是時候當爸爸媽媽了。

我：所以，妳基於怎樣的理由成為母親？

羅絲：我在無意識的情況下成為母親，絲毫不知道還有思考和討論的空間，就像我剛才說的，我們「已經」結婚兩年半，我覺得我「需要」成為母親。我先生沒有跟我討論，也沒有給我壓力。那是我自己的決定。我那時還只是個孩子，很天真，也很不成熟。

這些訪談內容指出成為母親並不一定是自然的母性感召，而是「在人生歷程中往前邁進」。

這些關於「自然」及「正常」人生軌跡的想法使得這些女性從生物宿命論中得到一些力量而成為母親。不過，異性戀文化邏輯經常影響我們的選擇和行動，這些想法很大程度上奠基於這套異性戀文化邏輯，它訂定出一個單一的人生規劃，這個規劃有著基本流程，也就是說那是一套明確的固有路線圖，上頭羅列著每個人必須隨著時間推移而跨越的里程碑：求學、工作、同居或結婚、為人父母。

這段關於自然和正常歷程的典型敘述，[16]特別著重於什麼是「正確」的人生歷程及必要行動，以在「正確」的時間點符合每一個階段的內容，用「正確」的步伐走在「正確」的人生軌道上。

用「正確」的步調「正確」地推進人生歷程時，還伴隨著某些情感規則來決定抵達每個里程碑時要有哪些「正確的情緒」。這套規則認為到了某些階段，女性渴望當媽媽的母性就會被喚醒，即使這種想為人母的渴望在此之前從未浮現過，但這套準則認為這樣的渴望在人們生命歷程中的某些時間點會自然浮現出來——例如，結婚以後或是同居幾年以後——因為女性的年齡和其生物時鐘會喚起她為人母的渴望。德國記者兼作家薩拉・迪爾（Sarah Diehl）將之描述為「定時炸彈」：「女人們對於害怕無法擁有孩子的恐懼是一致的，因為女人都想成為母親，就這樣。現在我已經三十多歲了，我還沒聽到我身體裡的生物鐘節拍……（略）……我的身體和我的靈魂都沒告訴我那個時刻已經到來了，但社會卻給我響了警示鐘，一次又一次，音量越來越大。」[17]

這些關於時間和渴望的敘述融合在一起，圍繞著「女人該在什麼時候當媽媽」及「應該要有幾個孩子」這類問題打轉，而不問女人「**是否**」、「**為何**」渴望成為母親。女人回憶起成為母親的過程時往往感到疏離及缺乏自我，就如黛安娜・帝金斯・邁爾斯說的，社會以冷淡和漠不關心為理由將女性的主觀立場排除在外，將女性生子視為一個必然而理所當然的結果，[18]於是人們在缺乏溝通的情況下「隨波逐流」，生兒育女不只被視為常規，還被看作是理想——彷彿這沒什麼好討論的。[19]

而參與後悔研究的母親們說她們必須說出她們的處境，這樣的處境使她們痛苦難忍。

生下孩子的隱形理由

就如我們前面所提到的，在許多鼓勵生育的社會中，母親身分被形塑為一個承諾——成為母親後的女性會比她們生小孩之前擁有更美好的生活。婦女及青少女可能會為了獲得重生而選擇懷孕生子，換句話說，婦女和青少女可能會為了讓自己脫離惡劣的生活環境（例如貧窮、虐待、種族主義、仇視同性戀、性侵害、賣淫、無家可歸、監禁、暴力、酒精成癮及毒品成癮等）而生小孩。[20]為了獲得在原生家庭中沒能得到的自由，青少女可能會結婚並成為年輕的母親；而有精神障礙的女性則可能會為了讓她們的生命從可恥的汙名中解放出來而成為母親。對許多為人母的女性來說，成為母親就像跨過一道橋樑，橋樑的另一端是能夠接納她們的社會，她們從遭到排斥及沒有歸屬感的地方走向懷孕生子後的新世界，就像一位母親這樣的敘述：

「……在我分娩之前，我因為沒有孩子而找不到自己的歸屬，以前我在下班後的午後是不會去公園的，雖然我的朋友都在那裡，但我還是待在家裡。但現在我很早就會去公園找我的朋友了，因為我需要這個，我需要陪伴。（中略）而現在我跟他們有共通的話題了。」[21]或者就如同德布拉所說的：

德布拉

擁有兩個孩子，介於十歲到十五歲之間。

德布拉： 我認為……為人父母有許多好處，不管是在哪個領域，無論是否出於自願，身為局外人總是很艱苦的。當妳有了孩子，即使在其他方面妳並未遵守社會通則或是屬於非主流的群體——但孩子能夠讓妳成為社會的一份子，在一定程度上而言，我們的生活能夠變得更輕鬆。（中略）像是「妳什麼時候要生小孩？」這種問題在社會上屢見不鮮，至少現在當我當了媽媽、履行我的職責後，我就不用站在那個戰場上繼續對抗。就算妳在其他方面沒有達成社會要求也沒關係，至少生兒育女這個欄位上妳已經打上「過關」的勾勾了。

而其他女性之所以生兒育女，可能是為了減輕現在的寂寞或乏味，或是避免未來的孤寂，並藉由子女使她們的存在更有意義。正如同法國作家柯林娜・麥爾（Corinne Maier）所說的：「害怕孤單——我因為這個可悲的理由而生下我的孩子。」22

一般大眾都能理解這些原因，特別是社會限制了女性的想像及具體的選項，她們同時表明了渴望為人母不代表她們都渴望撫育孩子——她們的渴望是根植於透過母親身分來改善自己的地位，而為了滿足這個需求，她們認為生育孩子是唯一可行的辦法。比方說，蘇菲雅就認為生育子女能使她脫離原生家庭的暴力和虐待，是個讓她蛻變的機會，使她成為能夠創造另一個家庭的成年女性。

蘇菲雅

擁有兩個孩子，介於一歲到五歲之間。

我：在妳進行不孕治療之前，妳是個想要有孩子的女性嗎？

蘇菲雅：是的，我想要孩子。我的童年過得很艱難，我在我的原生家庭經歷肢體暴力並受到忽視，我曾經去做心理治療，在孩提時代我一直以為我不會有自己的孩子，因為我經歷了那麼多的痛苦。直到我高中畢業，在從軍期間我接觸了孩子們，事實上，在這些日子裡面我一直想以某種方式修復我的童年生活。（中略）這件事吸引了我，我很清楚我會成為母親，而且我會當一個好媽媽，在我高中階段要選擇生活方式時我就知道我非常渴望成為母親，那表示我會擁有自己的孩子。對我來說這是無庸置疑的。（中略）

我：在妳想要孩子的那時候，孩子對妳來說象徵著什麼？

蘇菲雅：那意味著我的一切，讓我的人生有意義，對我來說是某種形式的治療與修正，我會給他們我未能擁有的一切，而他們會擁有我不曾經歷過的童年。但事情完全不是這樣！

不同於蘇菲雅，茉莉並不是為了修正過去而想要孩子。事實上，茉莉想尋找一種能夠修復她處境的方式，而當媽媽對她來說似乎是個解方。茉莉指出，那些決定「該在哪個正確的時間點，從這個里程碑前往下一個里程碑」的社會規範跟女性的年齡有關，而她的個人希望是透過生下孩子來得到平靜與安寧。

茉莉

擁有一個介於一歲到五歲之間的孩子。

我：妳有發現妳想要孩子嗎？

茉莉：有，我非常清楚。

我：妳還記得妳從什麼時候開始想要孩子嗎？

茉莉：就連……我現在都不確定自己當初是不是真的「想要」孩子。那感覺比較像是——你知道的，是一種社會灌輸的東西。從小女生時期、從學校就開始了。「妳覺得妳什麼時候會結婚？」——就是從那裡開始的。「我啊，二十六歲的時候一定會當媽媽。」一切就從那樣的話語開始。我覺得這種東西推著我們往前走，我們甚至不會察覺自己被推著走。（中略）回頭看，我當時真的相信，也真的這麼想：有了孩子，我就會變得更完整、更安穩，就像終於回到屬於我的「家」。我有孩子了耶！畢竟大家都是這

> 樣嘛：上學、當兵、念大學、找工作、賺錢——全都是為了能夠生小孩。我現在知道，這是一種社會建構的觀念。而且這觀念也不見得是從我家庭來的，我家其實只有兩個孩子，那是因為經濟的關係。（中略）妳知道嗎？我那時想的是，好，就這樣，我要有個孩子了，我就會心安了。但實際上，那根本沒有發生——反而整個人生變得更混亂了。

許多女性同我們分享她們的渴望，她們在母親身分中尋找她們失去的事物，卻將「成為母親可能讓事情變得更糟」的可能性拋在一旁。她們這樣的渴望，部分是歸因於為了符合社會對於生育子女的常規，但部分也可能反映出（我稱之為）**制度化的意願**（institutionalized will）——個人希望及社會期望交融下形成的意願——這種制度化的意願可能是實際上的感受，從身體上和精神上讓她們真的想為人母親，這往往是因為婦女將社會賦予母親的相同形象內化而成的意願。這種形象關閉了女性通往其他可能性的門扉，並打壓任何其他爭論、質疑及挑戰既有的「成為母親是唯一能夠改變事態的方式」的替代路徑形成，不管在過去或現在都是如此。

「同意」當媽媽，而不是「願意」

鼓勵生育的社會氛圍可能會讓女性難以認知並意識到：她不想成為一個母親，這使得她們不符合普遍的制度與規範，因此即使女人認知到她們不想成為母親，她們還是很難明確地表達出她們的不願，因為在不同的社會及社群中，不為人母並不是個普遍的情況。不願為人母的女性並非出現在某些特定群體中（例如：白種人、世俗化、受過教育、中產階級女性），這可能只是因為她們比較有條件表明她們的態度，而那些受到各種形式的忽視及壓迫的婦女則難以在不被嚴厲指責的情況下表達她們的不願。換個說法，無論是來自哪個社會群體的女性，都有可能不想成為母親；但擁有較高社會特權的女性，比較有可能自由表達這種感受並依據自身意願過活。事實上，只要女性可以選擇不當媽媽並擁有話語權，我們往往可以看到許多人認為當初選擇成為母親，是因為被迫改變了自己的初衷。

莉茲

擁有一個一歲到五歲之間的孩子。

莉茲：我從我還很年輕的時候就很清楚，我不會有孩子。（中略）我是經過理性的思考而決定我要成為母親的，我的子宮並沒有為了想當媽媽而一直尖叫。（笑）我不用生小孩就覺得自己已經很圓滿了！我說生小孩是個理性的決定，是因為雖然我很快樂而且生活一切都好，但我想，也許我該體驗另一種人生經驗，所以我一頭栽入某種冒險中。（中略）人們總是說：「當妳生下自己的孩子時，妳就會有不同的看法。」但事實並非如此，我不適合當媽媽，讓我告訴妳吧，我從以前就知道這件事，讓我們把這件事講清楚：「我一直都知道我為什麼不想生小孩，而且在我生了小孩後這個想法依然沒有改變。」

歐德雅

擁有一個一歲到五歲之間的孩子。

歐德雅：我從來不想要孩子。（中略）我記得很清楚，從我還很小的時候——可能是六歲或七歲的時候吧？我不確定——在其他人花時間陪伴孩子們的時候（中略），對我來說那是場惡夢，非常恐怖，我不喜歡這件事，完全不喜歡，我從小時候就害怕著有孩子以後會發生的事，我從沒考慮過要生小孩。

兩位現在都有孩子，這說明了在她們的人生歷程中，有什麼力量改變了她們不想當母親的初衷，讓她們偏離了最初的想法。她們指出，當她們不想當媽媽的主觀願望和社會價值觀碰撞，不當媽媽對這些女性來說將是個災難性的損失，而且這會持續困擾她們的餘生，或者這麼說吧，「不當媽媽」不在她們可以選擇的選項當中。社會認為從小就不想為人母是種「偏向」，這些人遲早會隨著時間而回歸主流，而在這樣的碰撞下，那些不想成為母親的意願將會在這樣的碰撞中削弱而淡去，最後終能面對社會的期望。然而這些母親的後悔則顯示了她們不想為人母的渴望並未被抹去，就這個意義上來說，正如我們接下來要看到的，後悔彰顯著這些母親對自己的理解。

而有些女性之所以在沒有環境干預的情況下與自己最初的願望漸行漸遠（她們雖然不想為人母，但還是生了孩子），是因為來自配偶的直接干預。兩個共同生活的戀人在面對他們共同的未來、及為人父母的夢想時當然會有不同意見，有時這樣的意見分歧可能導致他們決定要分開；而有時為了確保雙方關係的延續，孩子誕生了，但未出生的孩子也可能會成為有力的示威手段，於是家庭成為懇求、勒索、威脅和強迫的舞臺。儘管這個社會宣稱男女間的伴侶關係日漸平等和對稱，但這個「設想中的」平等對稱並不一定反映在現實當中，這意味著伴侶之間往往形成不同的權力結構——明

顯的、潛在的、看不到的——而這證明了性別不平等仍然是存在的。＊23

多琳和依迪斯雙雙受到**顯性的壓迫**，這樣的壓迫顯現於衝突中及她們嘗試改變她們不想為人母的看法中；而另一方面，德布拉受制於**潛在的壓迫**，即使這樣的壓迫並未以衝突的形式出現，但卻以她的伴侶需求及希望受到祝福的方式表現出來，她為了避免雙方關係的風險，選擇在一場談判真正開始之前就抽身退出。

多琳

擁有兩個孩子，介於一歲到五歲之間。

多琳：從我們結婚那天開始他就沒有停過……讓我承受著可怕的壓力，甚至到了這樣的程度：「好吧，如果我們不試著懷孕的話，我們就離婚吧！」（中略）然後我說：「好吧，我不想離婚，我們來試吧。」但我一直都有種感覺……這不對。我從來沒有那種「當媽媽就是神聖理想」、「那就是女性的終極實現」的想法。完全沒有，一點也沒有。

依迪斯

擁有四個孩子，兩個介於二十五到三十歲，兩個介於三十到三十五歲，她已當上祖母。

依迪斯：我搞砸了，還生了小孩……因為當我們要結婚時，醫學院已經接受我的入學申請，但他對我說：「聽著，如果妳要去念醫學，我們就離婚。

*值得注意的是，在我訪問的後悔當爸爸的男性中，十有八九表示自己其實不想要孩子，但仍然同意生育，因為他們希望維持與伴侶的關係，而他們的伴侶則渴望成為母親。男性的敘述與女性的敘述之間的差異在於，男性並未描述一種受威脅的氛圍，而是談及自己內心不願與摯愛的伴侶分離的心境。

我想要孩子。」然後我就像個傻子一樣想：什麼？離婚？那我就不念醫學了，有什麼大不了的？（中略）我覺得自己被困在婚姻裡，活在他的掌控下，我的意見根本無所謂。（中略）我的任務就是取悅主人，也許婚姻會因此改善，也許他會變得有愛？每次生完孩子他都是世界上最開心的人，那些時刻就像是恩典一樣。

德布拉

擁有兩個十到十五歲間的孩子。

德布拉：我不想要孩子，那是我為了延續我們的關係所付出的代價⋯⋯（中略）事實上我知道自己對家庭和母親身分一點興趣都沒有，那跟我無關，

> 不屬於我的世界，非我所願，距離我的世界太遙遠了。

無論來自配偶的壓力是明顯的、潛在的或不可見的，[24]這些都維持了受益者是男性的傳統性別狀態，女性不想成為母親這種願望是不予考慮的，其他家庭成員的好處會被優先考量。他們的伴侶成為預報孩子誕生的信使，向她們協調並傳遞「新生兒降生的神聖訊息」，因此我們的討論著重於家庭裡的權力結構，有時連未出生的新生兒都會成為權力和談判的手段，導致雙方為了保持和延續關係而進行決策。

此外，前面所提到的多琳，一開始不想要孩子，但因為丈夫的施壓而同意生小孩，描述了過程中她的意願遭到忽視，並且遭到強迫，引述她的說法，她覺得這根本是被強姦。

多琳

擁有三個介於十到十五歲的孩子。

多琳：我的意思是，我不想要第二個孩子，而當我發現我懷了雙胞胎時我覺得快要瘋掉了，那太可怕了，這是強姦，簡而言之，是強姦，這件事居然發生了。

這種家庭中無止盡的嘗試說服，及不斷的恐嚇威脅而迫使她們為人母的經歷，對許多女性來說是個共同的現實。

這個社會認為並非因為「實際的」性侵（例如透過實體的強迫性行為）而受孕的女人都是自願懷孕，都是順從她們的渴望與希冀，而這樣的訊息導致的結果是忽視當事人的意願。有數目未經統計的女性**在違背自己意願的情況下同意懷孕**，在她們生命的某一個時刻中，她們被迫務實地在（從她們的角度來看）一個壞決定（如生小孩並成為母親）及另一個更糟的選項（例如離婚或是流離失所、遭到家族或社群的譴責、失去經濟依靠）之間做選擇。

我並不是第一個指出「同意」和「願意」有所區別的人，其他性別領域的研究人員斷言這些詞或概念意味著性關係中的權力關係，因為「同意」性交和「想要」性交是不同的兩回事。[25]在多琳所提到的這個交叉點——性創傷和生育暴力——我認為應該非常小心地去看待「同意」和「願意」之間的區別，這樣才能更精確地理解這些婦女的現實生活，她們為了某些目的而同意成為母親，但她們本質上並不願意成為母親。

總之，這些女性成為母親的歷程很清楚地告訴我們，女性非常明白為母之路是她們一心追求，或只是隨波逐流，又或是遭到強迫。透過親身體驗她們知道：只有少數人能像新自由主義和資本主義社會所說的那樣，親自譜寫人生故事。在某種意義上選擇和沒有選擇是模糊不清的，無法考慮更多主觀經驗，現實往往交織著不確定性、猶豫、困惑、矛盾、百感交集、運氣和隨機。[26]因此，將女性成為母親這個變化指為女性對成為母親的渴望所帶來的副產品，將會繼續衍生並維持虛假的印象，而這樣的惡性循環正一次又一次地被用來說服女人當媽媽。

Chapter 2

像個「媽媽」的樣子

「無庸置疑，我確實是個很棒的母親，我真的是個好媽媽。自己這樣說有點尷尬，但我的意思是，作為一個母親，我的孩子對我很重要：我很愛他們，我讀了許多書、接受專業諮詢，盡一切努力讓孩子受好的教育、給他們溫暖和愛。（中略）儘管如此，我還是討厭當一個母親。我討厭當媽媽，我恨這個角色，恨自己成了必須設立界線、進行管教的人。我恨這個角色讓我失去自由和自發性，事實上這個角色限制了我……」

—— 蘇菲雅（擁有兩個介於一歲到五歲間的孩子。）

一個看似單純的事實構成了所有母職故事的核心：世界上的每一個人，都是由女性孕育出來的。＊

每個人確實都是由女性所孕育，但沒有任何女性一生下來就是母親：雖然女性確實是生育人類後代的載體，但這並不代表她們就必須承擔關係中要求的照顧、保護、教育與責任。當生母無法履行母職時，也沒必要要求其他女性——而非男性——來替代其職責。但這點經常被視為理所當然。

這種將女性的生育能力與母職的必然性劃上等號的思維，至今仍根深蒂固地存在。此外，將母職中的義務描繪為「女性本能」，也用來合理化一個概念：因女性天生具備的母性本能及生理能力，她們比男性更適合養育及照顧所生（或領養）的孩子。以色列學者塔瑪・哈加爾（Tamar Hagar）指出，那些施壓女性成為母親的人，常常承諾女性的「天性」會在生育後自然而然地顯現出來。「妳不必去學習母性，因為母性已經是妳的一部分，銘印在妳身上，讓妳照顧孩子、為他擔心、和他親近。而如果妳現在感覺不到母性，那不要緊，母性會隨著懷孕和分娩來到妳身上，那種責任感和愛是非常自然的，妳的生活重心會完全改變。雖然妳的生活會起很大的變化，但到時候就無關緊要了。」[1]

這種嚴格的性別勞力分工在十九世紀成形，當時的工業革命使得家和家庭轉型：「公共領域」成為理性、進步、實用和競爭的象徵（通常被認為是男性的特質）；與此相對，「私人領域」（也就是家庭），則被和情感聯繫在一塊，比如愛、無私、同情和關懷（通常被視為女性的「天性」）。男人離家去進行有償工作，中產階級女性**則被賦予期待，成為家中的無償勞動者——即無私付出的妻子和母親，為摯愛維護安全的港灣。[2]

因此，從十九世紀以來，民族主義、醫療化、異性戀霸權、父權、資本主義意識形態正在攜手合作，以維繫這樣的性別勞力分工——因為若少了女性作為母親、家庭主婦的無償勞動，整個體系可能會分崩離析[3]——支持者往往強調這樣的分工是很「自然」的，而且永恆不變；不僅讓世界更美好，對女性自身和她們的孩子也更有

*這一事實展現出多樣而美麗的延伸，因為跨性別男性也可能生育孩子，而跨性別女性在孩子出生時，或許能感受到最深刻的女性特質，即使社會可能不承認她們為女性。

**生活貧困的女性以及有色人種女性長期以來不得不在「公共」與「私人」領域之間來回穿梭，從事不同類型的勞動。在她們的情況下，對家庭經濟的供養也是母職的一部分。本書第六章會再次回到這種社會區分的討論。

利。[4]然而，正如我們將看到的，光是成為母親並不足夠。母親還被期望遵循一套嚴格且普遍適用的規則，規定她們「怎麼當媽媽」。儘管在不同情境下，母親們並非都用一樣的方法來培育和照顧孩子，甚至也不一定非得採取這種照顧方式。[5]

「好媽媽」、「壞媽媽」：社會從不放過母親

當媽媽可不是在私人企業工作，但母親身分卻始終被無止盡而徹底地視為公共事務。[6]女性每天都被告知，她們因本能天性而擁有當好母親的能力，但同時又不斷被指導該如何和孩子建立關係，以成為人們口中的「好女人」和「好媽媽」。主流觀念認為，母職應該是一種完全以孩子為中心的養育方式，既要投入情感和心力，也要耗費大量時間。在西方社會的公眾想像中，育兒幾乎被視為母親的責任。母親被描繪為有著自我犧牲的天性、無止盡的耐心，並致力以各種方式照顧他人的角色，幾乎是要求她忘記自己的人格與需求。[7]

女性主義作家羅西卡・帕克（Rozsika Parker）認為，當孩子或多或少地朝向個

體化發展，逐漸建立與母親分離的自我認識時，女性則在不同的母職身分之間不斷轉變與成長。她們從支撐嬰兒頭部的母親，變成推著嬰兒車的母親，再變成揮手送別的母親，最後成為等待牽起孩子之手的母親——但她們始終都是母親。相較於母親的成長是垂直的，孩子的成長則是「水平的」，逐漸遠離母親。[8]

但這並不表示媽媽們實際上都能做到這個地步，母親們之間存在著顯著差異——包括個體差異到社會差異（如婚姻狀況、種族、階級、精神和身體障礙）——但即使存在差異，許多西方社會依然堅守一套單一且嚴格的母職規範，[9]母親仍是具有代表性的崇高身分。

此外，「好媽媽」一度被要求體現如同聖母般純潔、無性的特質；而自一九八〇年代，這種母職的神話化模式，又進一步強化了母親作為性存在和被欲求對象的描繪（特別是年輕、白種、中產階級的母親們），顯現在「我想上的媽媽」、「可口的媽媽」、「性感辣媽」等說法中。這些關於母親的新表述並不代表社會真的認為她們的肉體很迷人，或是她們變得越來越有作為性幻想對象的魅力，而是社會正在賦予母親形象更多「她們擁有一切」的神話幻想。[10]加布里埃萊・默勒（Gabriele Möller）在文章中這麼寫道：「如今看來，一個女人不該『只是』母親，如果妳想獲得認同，妳還該有個職業，在妳少得可憐的休閒時間去幼稚園或學校，儘管累得要死也當然還是要展現妳的性感。『我是個婊子，也是個好情人；我是個孩子，也是個好母親；我是個罪人，我也是個聖人。（歌詞）』創作歌手梅雷迪思・布魯克斯（Meredith Brooks）扼要地說明了這些矛盾之處。」[11]

在這種情況下，現今有著嚴苛要求的母職模式，還意味著女性的身體——無論是在懷孕期間、產後立即、和在之後的多年中——都被期待在美貌與性吸引力上符合異性戀規範的標準。這些標準源自於普遍加諸女性的美與性感的神話。她們的身體沒有一刻是自由的，擺脫不了對保養和美貌的追求，甚至得表現出一定的性吸引力，即使這些可能與她們作為女性的經驗不甚相關。[12]也就是說，儘管母親本身可能也有慾望及性需求，她們被如此要求是因為這些對異性有益，而不是為了她們自己。

這種模式不只規範母親的外觀和言行舉止，還試圖掌控她們的情感世界，正如美國社會學家亞莉・霍奇查爾德（Arlie Hochschild）所稱的「情緒規範」（feeling rules）——也就是「關於在特定社會情境中，哪些情緒是適當的、哪些是不適當的規範」。這些規範往往伴隨著社會獎勵，如榮譽、尊重和認可。[13]因此，即使母親們被孩子激發出的情緒各不相同，她們的感受也會因為孩子的表現、時間、空間及可獲得的援助而推移改變，[14]但社會對她們的期待是——如果母親們希望被視為「好媽媽」，她們的感受必須始終如一。「好媽媽」要無條件且毫無保留地愛著她的孩子，並從母職中獲得喜悅。如果為母之路並非繁花似錦，那母親就要扛起這些痛苦、享受這些煎熬，把這些苦難視為生命中必要而不可避免的過程。

以下是一位男性在網路文章下的評論，回應一位困擾於後悔當媽媽的女性。這充分說明了這個社會是如何規範母親的情緒。

「別再抱怨了，妳最好別再像個小孩一樣抱怨個不停，試著對妳的母親身分抱持感激並去享受它，這有很難嗎？去請個保母或是讓祖母來幫忙帶孩子，妳根本想不到這有多管用。享受妳的生活，別讓妳的小王子控制妳的生活，否則妳會一直抱怨下去，然後一樣搞砸孩子的生活，他會長成一個跟妳一樣被寵壞的孩子。還有，妳可以等著瞧妳接下來會有多麼快樂，而當妳（像其他每個人一樣）忘記這有多艱難時，妳就準備好迎接第二個孩子了。」[15]

或者就如另一則關於「後悔的媽媽」網路文章下的評論：

「嗯，至少她們勇敢地成為母親了，在這點上她們是值得尊敬的。當個媽媽當然會有疲憊和沮喪的時候——因為這並不是件容易的事。但是這些都會過去的。日後回顧自己的人生時，她們會感到自豪。我們這一代懂得如何讓自己越過低潮並且忍受它，並從中得到別人所沒有的快樂與滿足感。」[16]

在這層意義上，母親們的情緒都按著時間表和歷程來，社會決定了這些母親應該要有怎樣的感受，也規定她們必須記住和忘卻的事情。這兩則評論都在安撫這些母親：如果她們能夠拋開這一刻的感受，隨著時間推移，在未來定能獲得喜悅。透過向女性、尤其是所謂的「好媽媽」保證，她們目前生活和記憶中的痛苦都將被抹去，以讓她們繼續「更加努力」——也就是生更多孩子，並以「正確的方式」養育他們——社會得以維持一種幻象，即當前的生育傳統，最終對女性都是有益的。

而這些關於母職的情緒規範，並不只單純由外部力量強加給女性。這種強而有力的規範，還由女性內化並調適為自己的一部分。我們可以由以下的證詞了解到這種內化及適應的程度，這些母親都將自己的真實感受對照到社會期待中「母親**應該**擁有的情緒與舉止」。

提爾紗

擁有兩個介於三十歲到四十歲的孩子，已經當了祖母。

提爾紗：我會做好該做的事。我會打電話，表達我的擔心，當然也表達我的掛念。我表現出感興趣的樣子，我拜訪他們、邀請他們來度假，做出家人的樣子來演好這齣戲——但這不是真的我，我無法完全投入其中。我會去看望孫兒，和他們保持聯繫，但我其實對此並不真的感興趣，這不是真正的我。當我盡義務時，我滿腦子想的是：「這一切什麼時候才要結束，好讓我回去好好睡個覺或是讀上一本書，看部好電影或是聽聽廣播節目啊？」這些才是我有興趣的事情，更適合我。我喜歡整理花園、把院子裡的落葉耙一耙……這才更像我想做的，直到今天依然如此。

絲凱

擁有三個孩子，兩個介於十五到二十歲，一個介於二十到二十五歲之間。

絲凱：當我女兒想來找我時，她打電話給我並登門拜訪，而我一直都很熱烈地回應她：「哇！太棒了！我想死妳了，等不及想見到妳啦！」但事實上並不是這樣……這是某種形式的表演，事實並非如此。我甚至沒辦法騙自己。

娜奧米

擁有兩個介於四十到四十五歲間的孩子，已經當上祖母。

娜奧米：我做那些例行公事——比方說，他們每個星期都會來我這裡，我會為他們煮晚餐、為他們準備生日禮物，每隔一段時間就看看他們。我做合乎社會標準的事情，因為我是個合乎社會標準的人。如果這是所有當奶奶的人會做的事，那我就會去做。但我不覺得自己有什麼強烈的動機，對我來說，合乎社會規範這個理由比當個好奶奶或好媽媽還要重要。

這些女性使用「演戲」、「表演」、「做出樣子」、「騙」之類的字眼，這可能意味著她們為了被視為「好媽媽」，因而**演出**「一個母親該有的情緒及相對應的舉止」，彷彿世上存在一個單一的、原型化的「母親」，所有母親都必須效仿她。她們描述自己如何出於責任感，去模仿社會規範中的母性情感及行為，儘管她們內心的感受和作為祖母及母親的社會期待差了十萬八千里。

無論是對母職感到後悔的女性，還是並不後悔的女性，都會採取模仿與表演這些策略。然而，在討論女性如何履行母職時，這些策略往往被忽視，因為社會普遍認為母職是天生的，而母性的舉止則被視為女性本質的一部分。所以說，光是成為媽媽還不夠：女性不僅得實踐，還得將「正確的」母職表現出來才行。[17]

法國哲學家弗蘭索瓦・瑪麗・傅立葉（Francois Marie Charles Fourier）說：「凡壓迫性體制盛行之處，便有虛偽造作。」[18]的確，這些參與研究的母親，其用詞顯示了她們試圖假造出「正確的」母性感受及情感行為，以符合嚴苛母職典範中的情緒規範。就像巴莉所說的：

巴莉

擁有一個介於一歲到五歲間的孩子。

巴莉：人們問我「妳有多喜歡當媽媽？」我只能對此強作笑容，不然我還能怎麼回應？說我超淒慘的？還是說這很艱難？或者說我很想我媽咪？

就個人層面來說，這樣的偽裝是種自我防衛機制[19]，以維持個人生活的穩定。但而就社會層面來說，這種做法維持了一種幻象[20]，讓人們誤以為母親的感受跟行為都是出自「天性」：

瑪雅

擁有兩個孩子，一個介於一歲到五歲，一個介於五歲到十歲之間。

瑪雅：我記得在我女兒出生以後，所有已為人父母的親戚朋友都跟我談起我接下來要面臨的困難和挑戰，他們說：「但這真的很有樂趣，對吧？」而我只能說：「呃……是的……這真不可思議……真奇妙……」沒人知道我真正的心思。也許我不算是個值得讚揚的母親，但我好好照顧我的孩子，養育他們並疼愛他們，我不會讓我的孩子因為情感上的忽視而痛苦。所以，沒人能得知我真正的想法，而如果沒有人能夠察覺我真正的想法，那

我們當然也沒辦法察覺其他人真正的想法了。

這些對於母職的情緒規範，同時也忠實維護著「正確」的「好媽媽」形象，因為這種幻想之所以能夠存在，正是因為所有人都共同維護它。相對而言，那些不遵守規範的人，則可能動搖他人的形象。[21]除了透過規範和展演勾勒出的「好媽媽」形象，社會還界定出「壞媽媽」的輪廓——這也造成了女性之間的分歧。

如果一位母親並未根據這個模式下所規定的道德準則走——不論是出自個人意願或是身不由己——她們很快就會被貼上「壞媽媽」的標籤，是有道德和情感瑕疵的叛逆者。在這些情況下，母親們會被說「沒有照顧好孩子」：當她們在產後「太快」或是「太晚」重回職場；當她們不餵母奶或是餵的時間「太長」、哺乳時「太公開」；當她們讓孩子「在家自學」，或者有些母親（不論是否為單親媽媽）需要長時間離家工作，而被指責疏忽了對孩子的照顧。此外，單親媽媽、仰賴社會救濟制度的媽媽、新移民母親、女同志母親（這些身分通常是重疊的）往往會被更加嚴格檢視。就一定程度來說，醫療機構、教育機構、心理機構、法律論壇、媒體、廣告業和流行文化會檢視這些母親，尤其是聚焦在未婚且並未從事有償工作、仰賴公共援助來養育孩子的母親身上。22

社會給這些女性貼上「壞媽媽」標籤的原因，並不只是因為她們做了什麼或沒做什麼，還包括她們在什麼樣的條件下當上媽媽，以及她們的身分。如果她們貧窮、未受過教育、、生理或心理上不健全、為有色人種（或有以上的複數情況）——大眾會懷疑她們是否有能力生育及養育子女，她們的決定會受到批判，認為那樣的決定對孩子及（特別是）整個社會有著潛在的危害，這使得她們被置於嚴格的監視之下。

在許多國家，我們可以從嬰兒食品或尿布的廣告中看到，人們認為什麼樣的人是「好媽媽」，而在這些廣告中出現的「好媽媽」往往是白人婦女。*也就是說，這些廣告不只行銷產品，還包括了女性的「正確」形象，告訴大家什麼樣的人有能力以

*例如，在二〇一五年，以色列的社交網絡上曾熱烈討論一則嬰兒奶粉的廣告宣傳活動。該廣告只呈現了白人女性（主要為阿什肯納茲猶太裔），並以「最接近你的，母親」作為標語，而來自衣索比亞裔、米茲拉希猶太裔（Mizrahi）以及巴勒斯坦裔的母親則完全未被納入其中。

「最健康」的方式養育子女。

正如我們所見，社會所建構的「正確」母職形象，不只是規範母親的行為或身分，還深入影響母親們的情感世界。「好媽媽」不僅被期望在母職中感受到快樂與滿足，而那些感受到並表達憤怒、失望與挫折的母親，則往往被視為有缺陷的女性，認為她們無法實現作為「合格母親」的真正天職。即使到了今天，我們已經能看到更多元的母親寫照，人們開始接受並正常化母親在育兒過程中遇到的困難與壓力——這些在許多母親的部落格文章和社群媒體貼文中屢見不鮮——但整體而言，母親身分仍然被困在人們的集體想像當中，被描繪為溫暖和溫柔照料的象徵，幾乎不包含人際衝突。

在這個惡性循環中，社會對母親的期待越來越高，無數母親們對自己的要求也越來越嚴苛，並逐漸陷入一個由內疚、自我懷疑及矛盾心理交織成的陰影世界。[23] 儘管這樣的矛盾心理可能存在於我們每一段人際關係中，但這個社會似乎只能忍受母親們拋出這麼一個答案：「我愛這一切。」[24]

母職中的矛盾心理

「儘管我相信成為母親後懷有矛盾心理是十分正常的，但每當我寫下任何可能被解讀為『負面』的內容時，仍然有股近乎痛苦的衝動讓我想補上一句免責聲明：『我當然愛我的孩子勝過一切。』」[25]

從一名女性成為母親的那一刻起，她往往會面對一種全新的現實，無論是完全的轉變，還是部分的改變。由於她現在要對另一個生命負責，以及對這個生命長期發展的不確定性，她的身體與生活可能會變成矛盾關係的中心，充滿各種錯綜複雜的情感。[26]此外，這種衝突性的經歷——隨著孩子成長，不同階段的情感波動幾乎可能時時刻刻發生[27]——也可能與一種被剝削的感覺有所關聯。雖然人們常說「母親最懂孩子」，但母親（而非父親）卻通常是那個被責備的人——她可能因為太過關心或太過冷漠、太過保護或太過疏離而受到批評。這種現象的原因往往只有一個：母親通常是孩子童年時期最常在場的人。[28]而如果母親並不總是陪伴在側，那麼她也更容易比父親承受更多「缺席」的指責。

這些指責可能會加劇母親內心的矛盾情感——也就是愛與恨、和諧與衝突、渴望親近與想要分離等相互對立的感受同時存在。美國作家雅德里安・里奇（Adrienne Rich）對此下了一個完美的註腳：「我的孩子帶給我人生經歷中最強烈的痛苦。那種折磨來自矛盾心理：深沉的怨懟、敏感脆弱、充滿喜悅的滿足和溫情交替出現。」29

然而，母親們可能會懷疑這種矛盾心理的正當性，因為她們生活在一個無法想像這種雙重情感實際存在的世界，如同羅西卡・帕克（Rozsika Parker）所寫：

「我很難相信所謂的母職矛盾（maternal ambivalence），即使我已經針對這個主題寫了一本書，但我還是常常懷疑矛盾心理是否真的存在。這是不是母親們因為憎恨她的孩子而編織的藉口？我是否正在給母親們的矛盾心理找理由，來提供空洞的寬慰？（中略）我們很難真正接受，自己是既愛著、也恨著我們的孩子。所謂母親的矛盾心理，並非是用來緩和複雜心情的鎮定劑，而是所有母親內心共有的複雜而矛盾的心理狀態，對孩子愛恨並存的感受。然而，大多數母親的內疚源自於矛盾心理引發的痛苦感受，且我們生活的文化使我們不想承認矛盾心理確實存在。」30

我們的社會將母親困在無止盡的理想主義和不可能達到又相互矛盾的期待之中，

那些沒辦法作為全能母親的人，或是沒辦法把母親經歷純粹視為「有史以來發生在自己身上最美妙的事情」的人，會被當作是不正常的母親；甚至有人認為，母親的這種矛盾情感源自心理疾病或生理不適。

因此，儘管當代精神分析承認母職可能會讓許多女性產生內在衝突，但它有時仍對母職矛盾做出籠統的判斷，而不考慮母親自身的主觀視角或實際處境。例如，著名精神科醫師海倫・多伊奇（Helene Deutsch）曾將母職矛盾視為母親情感世界和經驗的一部分，但同時聲稱這些母親受到「天生的女性受虐傾向（natural female masochism）」所影響。[31]

這種對未能符合僵化情緒規範的母親所施加的批判，清楚地體現在我們對產後憂鬱症的態度上——這種情緒狀態直到最近才（相對而言）被視為女性在生育後可能面臨的正當心理狀況。長期以來，女性一直（並且至今仍然）害怕承認自己在生育後的感受與社會期待不符，因為她們清楚，一旦說出口，就會立刻被貼上「壞媽媽」的標籤。

「對我來說，要寫這篇文章真的很難。因為是我對這個世界保留的最深刻也最黑暗的祕密——但我已經說出口了，而且我打算再說一次。上星期，我在閱讀了一些其他人的病歷診斷歷程後，確認了自己有產後憂鬱症。我選擇說出我的祕密，是因為我希望其他女性也能因為我的故事而發現自己的狀況……（中略）我害怕其他人會認為我是個軟弱的人，或是認為我不配當個媽媽。」[32]

此外，產後憂鬱的母親可能會覺得自己是壞媽媽，不只因為她們害怕自己像其他「壞媽媽」那樣被貼標籤，而是因為這樣的情緒規範──**「我很軟弱，我不配當媽媽」**──已經內化為她們內心的一部分。

但與此同時，隨著研究者、作家、母親以及各類心理師對產後憂鬱症的正當性越來越重視，母職矛盾如今也開始被部分人視為母職經驗中一種健康且無可避免的特徵，並被納入對孩子和母職本身所懷抱的多層次情感光譜之中。[33]這種情感光譜區分了兩種類型的母職矛盾：無法承受、無法管理的母職矛盾（不健康），以及可以承受、可以調適的母職矛盾（健康），後者甚至可能促進情感發展。在這種較健康的矛盾中，母親對於愛與憎恨共存的痛苦，可能會促使她積極尋找創造性的方式來克服這種狀態。[34]因此，母親對孩子及（或）母職本身的愛恨衝突，可能幫助她們獲得理解嬰兒及其需求的理性與情感工具。此外，學會如何在愛、關懷與憐惜，與憤怒、失望、挫折和無助之間取得平衡，也可被視為母親情感發展的一個里程碑，因為這顯示了她們的情感能力得到了擴展，變得更加豐富。[35]有些研究者，如女性主義精神分析學家阿納特．帕爾吉-赫克（Anat Palgi-Hecker），甚至認為母職矛盾可以為母親與孩子的關係提供修復與改變的契機。她主張，當母親能夠經歷並調和與母職相關的情感動盪、幻想與衝突時，這將有助於培養更大的情感靈活性與適應能力。[36]

此外，對母職懷有矛盾心理的女性可能會發展出一種漸進式的敘事，將自己的母職經驗描繪為朝向正面終點的旅程。她們或許會透過克服障礙的故事來安慰自己，堅信未來將有所成長——相信總有一天，一切都會變好。[37]

像這樣將母職中的衝突經驗，重新解釋為「終將克服的障礙」，或許能幫助母親在艱難的日子裡支撐下去。然而，這樣的說法也可能源於社會期待——在這樣的社會裡，母親不能回頭說自己當媽媽沒有想像中美好，甚至覺得這一切根本不值得，這會被視為違反規範。換句話說，在一個不允許後悔當媽媽的社會中，只談母職中的矛盾感受，而不談真正的懊悔，並且強調「最後還是會習慣並接受」的說法，才更容易被社會接受。

透過深入探討對母職的懊悔，我們會發現，有些母親的故事不僅僅是關於「矛盾心理」，而是對整個母職體系提出質疑。她們的經歷挑戰了將對母職的負面情感視為病態的標籤，同時也質疑社會將這些情感正常化，並以「最終會適應」的承諾來安撫母親們的做法。與此相對，本研究中的女性拒絕被代入那些「女性會逐漸適應母職」的線性發展敘事。她們的話語，例如「這不是我」或「我一開始就知道這不適合我」，以及她們對於「後悔成為母親」這件事感到完全平靜的態度，都顯示她們的經歷並非朝向最終接受母職的正向結局發展。相反地，她們拒絕為自己的痛苦賦予某種意義，來維持現有的母職規範，而是選擇直接質疑並挑戰這一體系。

以這種方式來看，對母職的後悔展現了一種截然不同的女性身分，這種身分背離了文化上的既定觀念——也就是母親應該是能適應母職的，因此不應該有任何「後悔當媽媽」的念頭。

#Regretting Motherhood.

Chapter

3 如果能重來，不當媽媽

「我很難開口說，生小孩是錯誤的決定……坦白說，這對我來說完全是個沉重的負擔。我花了很長的時間才有辦法把這些話說出口。我曾想，噢，如果我這麼說，人們一定會認為我瘋了！即使到了今天依然如此……」

—— 絲凱（三個孩子的母親，其中兩個介於十五到二十歲，一個介於二十到二十五歲。）

後悔是一種情感立場，通常伴隨著巨大的內心動盪與痛苦。對那些後悔成為母親的女性來說，難以承受的不只是她們一直處於苦惱之中，還包括她們幾乎無法去談起這件事——因為「後悔」這件事不該和「當媽媽」連結在一起。

為什麼我們不願面對「後悔當媽媽」的可能性？在探究其中緣由時，我們必須先仔細審視這個社會定下的情緒規範，也就是在哪些社會情境與領域中，允許（甚至是鼓勵）人們表達自己的後悔，哪些情況下又要求人們壓抑後悔。因此，我們也必須探討社會如何看待時間和記憶，因為後悔是一種銜接過去與現在的情感立場，也是連接現實和記憶的橋樑。

關於時間與記憶

西方現代文化奠基於資本主義和工業意識形態之上，我們想像中的時間是線性的、標準的、絕對的，時間的流逝是不可逆轉的路徑，宛如一個堅不可摧的箭頭：時間沿著一個軸線推進，距離無法改變的過去和歷史越來越遠，走向一個開闊而連續的未來。因此，人們常將每天早上起床視為新階段的開啟，逐漸邁向一個最終目標，無論目標是在職場獲得晉升、賺更多的錢，或是讓自己的生活過更好。我們可以在猶太／基督教傳統中找到這個概念的根源，這個世界的誕生與終焉都是線性發展；同時也是一個關於救世和贖罪的故事，而我們可以在這趟旅途的終點找到人類的意義。[1]

自每個人出生起，這樣的線性時間概念已經深深嵌入我們的日常生活中，由過去到現在發生的一系列事件構成，與生命之鐘的滴答聲同步——一種看似獨立於我們自身之外、不受我們掌控的生命節奏與方向。因此，大部分人深信，人生有著所謂「適當的時機」，「必須」達成每一個目標或里程碑，不管是第一次做愛、結婚，還是生小孩。

然而儘管許多人如此論斷，但這樣的線性時間觀似乎是過於狹隘了，因為我們對於時間的主觀經驗是更多樣而多元的，就如同看著地圖與實地考察的差別，看著時鐘和實際體驗時間流逝當然也有所不同。[2]當我們享受生活時，會覺得時間流逝得飛快；當我們等待時，又會覺得時間慢得有如永恆。忙碌的時候，我們覺得時間不夠用；當我們閒得發慌時，又會覺得時間太多了。而當我們在回憶、做白日夢、做惡夢或懷舊時，也能使我們產生「內部時間感」。不管是視覺圖像、氣味、甚至是音樂都能觸動我們，讓我們彷彿搭上時光機般回到過去某個時刻或某些日子，從而打破我們對時間連續性的看法。[3]

因此，時間的主觀經驗指的是，我們或許會覺得自己能夠搭上一艘穿越時光的渡輪，在過去、現在與未來之間來回航行——宛如那些決定是有形的、可協商的實質存在，允許我們重新修正自己的人生選擇。當我們直面自己行動與決策所帶來的結果時，記憶會勾勒出一個想像中的世界藍圖。在那個世界裡，已經出的決定仍有改變的可能；而那些在現實中無法逆轉的一切，也依然可以被改寫。[4]因此，儘管我們不能重返過去或改變過去，卻也無法不去那麼想像，就如同美國作家威廉・福克納（William Faulkner）所說：「過去的事情永遠不會消逝，它甚至沒有過去。」

但即使我們對時間的個人感受是流動的，社會卻傾向貶低人們對往事的執著。只有這兩種情況除外：感性而懷念地回顧過去曾有的喜悅；以及為了更好的未來，在記憶中回溯過去的往事。哲學家喬治・桑塔亞那（George Santayana）曾有過這樣的名言：「凡是忘掉過去的人，注定要重蹈覆轍。」舉個例子，訂定紀念日（例如美國的九一一）就是一種文化性的教誨，讓我們回首過去，以免讓過去的歷史教訓又在未來重現；而我們可以在心理分析理論中，人類行為與人格發展的部分看到另一個社會所接受的「回顧過去」的例子：我們相信早期的童年經歷深深影響一個人的未來生活，而心理治療著重於分析過去的經驗，以協助當事人擁有更好的現在與未來。

然而，當我們提到其他形式（並非為了更好的未來）的「回顧過去」，例如回憶過去的創傷經驗、錯過的機會、犯下的錯誤、委屈和不幸時，社會教導我們與這些過去保持距離、保持緘默並遺忘它們。[5]舉例來說，我們可以在性騷擾事件中看到這樣的心態，有許多女性被要求要忘掉創傷並且繼續前進。

從文化上來看，我們被告知，這種形式的回顧過去甚至可能招致懲罰。比如聖經創世紀中的一章，羅德的妻子不服從神諭而轉頭看了所多瑪和蛾摩拉，因而化為鹽柱；新約聖經的路加福音中，耶穌提醒門徒的一段話中也有著不要回顧過往的警告：「在那日，人在屋頂上，東西在屋裏，不要下來拿；人在田裏，也不要回家。你們想想羅得的妻子吧！凡想保全性命的，要喪失性命；凡喪失性命的，要保存性命。」（路加福音十七章三十一至三十三節）。

類似情形我們也能在希臘神話中看到：奧菲斯進入地獄深處，想要使自己的亡妻尤麗黛復活，掌管死者的冥王黑帝斯同意讓尤麗黛重返人世，條件是奧菲斯必須走在前面，直至他們回到地面之前都不能回頭。然而奧菲斯沒有遵守這個條件，當他忍不住轉頭看他的妻子時，尤麗黛便永遠消失在冥界的深處了。

除了這些宗教或神話中的敘事與戒律，在日常生活中潛移默化地影響著我們，世俗與科學的時間觀念也同樣懸在我們的頭頂，時刻制約著我們——套句牛頓的話，時間是「絕對、真實和數學的，其本質是穩定的流動，與外物無關」。[6]

將時間視為不可逆的概念，使「扭轉過去」變得不合理。正如英國社會科學家芭芭拉・亞當（Barbara Adam）所指出的，灰燼不會自行燃起，變回原木；落葉不會從地上飛起，重新長回樹枝；舊車不會自動修復，恢復成閃亮的新車——這些場景都顯得荒謬。同樣地，在我們的集體想像中，社會生活也不可能具備「可逆性」——人們無法撤銷曾經的行為、抹去過去的關係，或讓已知的事物變回未知。[7]

在這種單向流動的時間觀底下，人們不但被教導著，自己的過去和歷史被物理性地鎖定在身後，並且有責任留下某些成果，彷彿這一切都是註定好的結局。這個社會的「記憶法則」就是這樣形成的，這個法則要求，人們可以回顧過去某些值得紀念和深入調查的時刻和事件，至於其他的那些「過去」則都應該被遺忘，然後人們應該繼續前進。[8]

回想過去的經歷可能會引起各種認知和情緒反應，而且就如同下面我們要談到的，「後悔」這種情感態度就被視為對於那些「沒有過去的過去」的情緒反應。

後悔，是希望挽回無法改變的現實

回顧與反思過去，有時僅僅是對往昔的停留，但也可能引發「如果當初做了不同選擇，結果會不會更好？」的念頭。這類問題將已選擇的道路——這條路並未通往理想的結果——與另一條未曾走過的道路進行比較，而後者在人們的想像中，似乎會帶來更好的結局。

有時，關於「如果」的想法僅止於猜測，並不伴隨改變現狀的渴望。然而，這類思考也可能引發各種事後情緒，如失望、悲傷、自責、羞愧、內疚，甚至後悔。例如，「如果我在他去世之前就告訴他我有多愛他……」、「如果我沒有對她說那些傷人的話，事情會不會不一樣？」這些話都足以說明什麼是「希望挽回無法改變的現實」。

如同其他的情緒一樣，後悔是一種主觀的情感立場，能反映出一個人的價值觀、需求、選擇及人生經歷；但它同時也受到環境影響，並被社會形塑。*因此，表達或不表達後悔都具有其社會意義。

在法律領域中，當一個人真誠地表達後悔之意時，這通常被視為其對自身行為負責的證據，象徵著承擔錯誤並卸下受害者所承受的部分痛苦。此外，既然悔意被視為個人責任感的展現，它也接近於一種道歉，而道歉本身就可能對所有當事人產生安撫作用，進而降低懲罰的必要性。除此之外，悔意中常蘊含的痛苦與悲傷，也可能被視為某種形式的懲罰，因此可以成為減輕進一步處罰的正當理由。同時，悔意也被認為能降低再次犯案的可能性。相對地，若被告缺乏悔意或未表達悔意，則可能被解讀為漠不關心，甚至更嚴重地被視為無法理解自身行為的嚴重性，因此必須施以重罰以讓其明白。最後，在法庭上表達悔意也被視為擁有理智、具備現實感知能力的證明；若被告無法表達悔意，可能會被認為在道德上有缺陷，甚至應該接受更嚴厲的懲罰或更長時間的監禁，以保護社會大眾。[9]

在宗教的範疇，後悔的功能性也是顯而易見的（儘管許多宗教存在對「回顧過往」的禁令）。三大一神教皆視後悔為負起個人責任的道德立場，並能成為赦免罪過的解方。在天主教中，後悔體現在透過告解來懺悔自己的罪過，而告解室作為一種建築象徵，正是用來邀請並鼓勵信徒坦承懺悔。猶太教中的猶太新年、贖罪日、至聖日、十天悔改期等節日的訂定，更是為了每年的反省和懺悔，讓教徒表達後悔並懇求上帝與同胞的寬恕；伊斯蘭教的齋戒月（拉馬丹，**Ramadan**），部分意義也在於透過後悔來懺悔自身罪過。真主阿拉的尊名之一「阿爾－陶瓦布（音譯）」（**Al-Tawwab**，التواب），在《古蘭經》中出現了十一次，意為「接受懺悔者」。解經學者認為，真主會接受那些真心後悔並向祂祈求寬恕之人的悔過。「陶瓦布（**Tawwab**）」一詞意為「常回應者」，象徵真主不斷接納那些出於誠意（而非僅因義務）懺悔自身過錯與惡行的人。[10]

但是當後悔牽涉到的不是犯罪或宗教罪過時，其存在可能變得更具爭議性。一方面，一方面，後悔可被視為維護內在道德完整性的表現，也是一種對道德的見證。對某個行為的後悔，可能促使我們在未來面對類似情境時做出不同選擇，因為我們自然

*像後悔這樣的情緒，不僅存在於個人層面，也可能在國家與集體群體中被喚起。例如，可參見傑佛瑞．K．歐力克（Jeffrey K. Olick）的著作《後悔的政治：集體記憶與歷史責任（暫譯）》（The Politics of Regret: On Collective Memory and Historical Responsibility）（New York: Routledge，2007）。

會希望避免重蹈覆轍，防止自己或他人再次遭受痛苦。舉例來說，若有人向朋友表示自己後悔過去未曾多關心父母，這通常會被認為是一種願意改變的正向信號。也就是說，後悔、痛苦、悲傷、絕望、苦惱讓我們能夠認識到違背規範的行為（不僅限於罪過或犯罪），如果沒有這些情緒，我們可能無法察覺自身的過錯。

但從另一方面來看，在一個建立在進步精神之上的新自由主義與資本主義社會中，後悔則可能被視為一種脫軌的表現。當社會中的一切行動都以掌握人生挑戰為目標時，後悔就被看作是一種公然違背這套價值體系的行為。因此，承認自己感到後悔，會被視為實用主義與樂觀主義失敗的證明，因為悔意可能引發痛苦的自我鞭笞與使人癱瘓的無力感，讓個人或群體陷入對過去（那已無法改變的過去）與對當下（那無法撼動的現實）的僵化執著之中。

正因如此，一個無法與自身過去和解、並試圖與其錯誤保持距離的社會，往往會選擇逃避後悔。

我們只要回想那些看似安慰實則帶有命令意味的說法，例如「不要為打翻的牛奶哭泣（覆水難收）」這類語句，就能察覺到「後悔」被視為一種必須克服的情緒姿態——像是一個苦澀的敵人，一種疾病。在這個意義上，提及悔意會背負沉重的病理學意涵：人們若沉溺於過去、陷入看似無目的的過錯回顧，就會被視為有病態傾向，因此必須被引導至「適當的空間」，例如支持團體或治療機構。[11]

儘管後悔是一種充滿爭議的情感立場，但在現實生活中，它卻廣泛存在於你我的各種經歷中，無論是因為我們曾經犯下的錯誤，還是錯失的機會。在一項探討美國男女表達懊悔的條件的研究中，心理學家尼爾・羅伊斯（Neal Roese）和艾美・薩默維爾（Amy Summerville）發現，無論年齡、社會經濟地位或生活方式如何，人們最常後悔的決策類別是教育選擇，其次是職業決定，接著依序是感情關係、健康問題和親職經驗。[12]

在生育與親職的範疇，人們最常感到後悔的是關於醫療處置的決策（例如輸卵管結紮及終止妊娠），[13]以及將孩子送養或簽署代孕協議。[14]也有些人對於生產的時機和間隔、決定不再生小孩或再生小孩等感到後悔。研究還顯示，不管是決定不生育，[15]或是選擇作為單親媽媽生下孩子，都可能伴隨後悔的情緒。

在家庭關係的範疇，為人父母者可能會對養育方式和教育選擇感到懊悔，特別是曾經使用嚴厲的管教與懲罰——尤其是體罰。[16]父母親，特別是母親，也會為了沒有花足夠的時間陪伴孩子而感到後悔。有些女性因為離家出外工作而感到後悔，[17]也有些母親因未能投入職場而感到後悔，這種心情可見於下面這位美國作家兼母親所寫的回憶敘述：

「現在我正走在育兒旅程的下坡階段，而我對自己選擇當全職媽媽的決定懷有疑慮。雖然我不認識任何一位父母——包括我自己——會後悔曾與孩子共度的時光。但事後回想，我的決定並不完美。雖然我充分認知到，能夠當全職在家育兒也是一種奢侈；但當我盯著沒有孩子的空巢和渺茫的就業機會時，我確實深感後悔。」18

這份冗長卻仍不完整的清單顯示，犯錯是人際關係中不可避免的一部分，而後悔則可能出現在人生的各個領域——凡是個人需要做決定、並對這些決定產生情感的地方，後悔都可能發生。那麼，為什麼「後悔當媽媽」會被視為一種難以想像的情感立場呢？

後悔的政治：生育與母職

雖然我們個人可能會認為後悔是種折磨人的經驗，也不符合當前要求進步和效率的社會風氣；但當後悔落在符合社會期待的範疇內時，還是可以獲得人們的理解。舉例來說，在一個將吸煙視為惡習的社會中，社會看待一個為自己當了多年老菸槍而感到後悔的人，和一個為了自己從未抽過煙而感到後悔的人的態度會很不一樣。在一個神聖化「健康生活方式」的社會中，對「後悔自己不曾運動的人」和「後悔自己曾經運動的人」的觀感也會截然不同。

對違背社會期待的行為感到後悔，往往能贏得尊重，因此，後悔可以被用來維護社會價值觀。從這個角度看來，後悔成了霸權的看門狗、一種規範化機制，旨在將個人重新納入社會的認可與接受範圍內。我們在母職的領域可以清楚地看到這種情況，特別是牽扯到終止妊娠（人工流產）的時候。問題不在於女性是否容易對此後悔——確實，有些女性在終止妊娠後會感到懊悔，但也有許多人並不會。此外，同一名女性在一生中可能經歷多次終止妊娠，其中有些選擇她可能會後悔，而另一些則不會。因此，真正的問題應該是：在一個鼓勵並要求生育的社會中，**「後悔」是如何被利用**？

其中一個常見的做法是把後悔作為武器，威脅並恐嚇女性：如果選擇終止妊娠，她們一定會後悔，並得承受深深的懊悔與痛苦。這迫使她們順應社會期待，選擇生育。這種社會敘事幾乎不允許女性在終止妊娠後產生其他情緒，也忽視了女性可能會感到痛苦，但未必會後悔的可能性。例如，想拿掉孩子的女性可能會因違反社會道德規範而感到害怕與羞愧，即使她們內心同時認為這是正確的決定。在某些情況下，女性可能因為終止妊娠帶來的社會不認同、批判與汙名化而感到極大的痛苦，甚至因此失去重要的人際關係。有些女性則可能因為與伴侶在是否終止妊娠上意見分歧，而經歷難以承受的關係緊張。然而對某些女性來說，選擇終止妊娠則可能令她們感到解脫，讓她們得以避免進入一段不想要的關係（如母職、伴侶關係、婚姻等），或者擺脫自己難以承擔的親職責任（若她們並無法好好養育孩子）。[19]

女性與懷孕之間有某種「天生連結」的假設長期根深蒂固，這種觀點排除了女性可能不想承擔懷孕結果的可能性，進而建構出這樣一種信念：對於終止妊娠的行為，悔意是無可避免、必然發生的情緒反應。基於這種思維模式，在一個封閉的詮釋迴路中，即使女性在終止懷孕之後確實經歷了矛盾與痛苦，這些情緒也經常會被他人錯誤解讀為「後悔」，而進一步檢視這些情緒的意義或它們可能揭示的其他社會敘事，也就被視為不必要。

在這種「災難預言」的光照下，未來的悔意被描繪成最糟糕、最可怕的情境——甚至比一場不情願的生育還要糟糕。[20]

此外，女性與男性在回顧自己放棄為人父母的決定時，也會展現出不同的評估方式。對那些不希望成為母親的女性來說，「後悔」更是被用作一種壓迫手段，將她們推向母職。這種威脅幾乎無法迴避，因為她們經常暴露在各種對「脫離常規人生」的恐怖想像之中，以及對未來注定悔恨、渴望未出生孩子的預言式劇本。[21]在這則來自線上論壇「不想要孩子的女性」的留言中，這種威脅就展現得一清二楚：

「相信我，妳將來一定會後悔的。在我看來，妳大概五年後就會後悔，然後像其他人（或是其他大多數人）一樣生小孩。如果妳只把生小孩當作是一份工作或是財務開支的話，那我會為妳感到相當遺憾，孩子的意義遠超過金錢支出，有一天（要不就在幾年後）妳會後悔妳錯過這件事。」

女性，尤其是超過三十歲的女性，往往被困在由威脅與警告交織而成的心理遊戲中：妳用來組織一個家庭的時間已經所剩無幾了。妳可能以為妳對此不感興趣，但妳錯了！成家的渴望會打擊妳，到時妳會覺得一切都太遲了。**妳一定、會對這件事情、**

感到後悔的！

在現實中，女性的主觀感受（無論是否決定生兒育女），遠比這個推論還要複雜；然而，由於那些後悔當媽媽的女性聲音大多被忽視——那些選擇不生育，但並不後悔的女性亦同——社會便假設她們並不存在。

一九八九年，社會學家亞瑟・尼爾（Arthur Neal）及其同僚訪問了四百一十二位白人與非裔美國人，詢問他們對於生兒育女的看法，以及相關的正面及負面經驗。他們羅列出負面的看法，以下是表現出「後悔」的答案：「照料孩子佔用了我太多時間」、「我的孩子給我帶來巨大的壓力和煩惱」、「有時候我真希望能夠回到我還沒為人父母的時光」、「有時我覺得為人父母的職責壓得我喘不過氣來」，以及「我希望自己能夠再晚一點才生下第一個孩子」。[22]

儘管這些答案是從親職困境的角度來陳述後悔，但是參與本研究的母親們所陳述的核心則是個直截了當的聲明：「我們不該生小孩。」

在我們的日常生活中，幾乎聽不到這樣堅決的陳述。由於後悔本身就是一種充滿爭議的情感立場，而母職在許多社會中被視為神聖，因此，「後悔當媽媽」被視為一種無法想像的情感，在母職的情緒規範體系中幾乎不被允許存在。即使這種情感沒有被直接否定，它仍然被視為不合法的、應受譴責的，甚至從根本上不值得相信。後悔當母親的想法，不僅難以接受，甚至被徹底否認——它的可能性是「不可能」。

「這是個可怕的錯誤」：女性觀點

在本研究的訪談中，我問了每位女性以下這個問題：「如果妳能帶著現有的認知和經驗回到過去，妳還會想當媽媽／生小孩嗎？」

她們的回答無一例外是否定的，儘管表達方式各有不同：

絲凱

育有三個孩子，其中兩個介於十五歲到二十歲，一個介於二十歲到二十五歲之間。

絲凱：如果我能夠回到過去，我很確定自己不會生下這些孩子。對我來說答案顯而易見。

蘇西

有兩個孩子，介於十五歲到二十歲之間。

在我問完問題之前，蘇西就已經回答了：我不會生小孩，就這樣！無庸置疑。（中略）……我總是說我的人生有三個致命錯誤：第一是選擇了我的前任伴侶、第二是跟他生了孩子，第三就是生小孩這件事本身。

多琳

有三個介於五歲到十歲之間的孩子。

在我完整問完這個問題之前，多琳就非常激動地回答：我絕對不會生小孩。

我：三個都不生？

多琳：雖然這麼說對我很痛苦，我永遠不會這麼告訴他們。他們不可能理解這件事，即使他們長到五十歲，但也許到時候……我不確定。但如果時光能倒流，我絕對不會生他們，我會眼睛都不眨一下地放棄這件事。

卡梅爾

有一個介於十五歲到二十歲之間的孩子。

卡梅爾：我在二十五歲的時候生下他，但如果我已經知道自己今日的處境——我肯定不會生下他，夠簡單明瞭吧。我每天都在感謝還好我只有一個孩子，每一天我都在對自己說：「真是太走運了！我只有一個孩子！」但這些話是接在「太遺憾了，我有個孩子」之後。如果可以的話，我寧願沒有孩子。

德布拉

有兩個介於十五歲到二十歲之間的孩子。

德布拉：妳問我如果我可以回到過去重新做一次選擇，我會怎麼做？我肯定不會生小孩。雖然他們是如此讓人驚奇、如此可愛，他們的誕生是如此不可思議……他們給我的生活加入了本來不存在的一環。但如果我可以不感到內疚地重返過去、重新選擇，我不會選擇生小孩。

歐德拉

有一個介於一歲到五歲的孩子。

歐德拉：對我來說生小孩就是個錯誤。我說，這就是個錯誤。因為我把生小孩當成義務，而我還想過自己的生活，對未來還有那麼多計劃……（中略）……這就是為什麼我後悔了，因為我原本可以做許多對我來說更有意義的事。

艾莉卡

有四個介於三十歲到四十歲之間的孩子，已經當上祖母。

艾莉卡：我可以現在就告訴妳。當我回首過往，這一切值得三十年的痛苦嗎？絕對、絕對、肯定（艾莉卡用手勢強調強烈的否定）不，不！要我再把這些重複一次嗎？絕不。如果我可以重新作決定，也許我就只會有一個兒子或一個女兒。

我：為什麼妳不想再像現在這樣有四個孩子？

艾莉卡：妳問我為什麼？我現在告訴妳，因為我的人生當中從來沒有一天輕鬆過，我的家計並不吃緊，這不是錢的問題，而是因為撫養孩子絕對不是一件輕鬆的事情，所以，絕不。

布蘭達

有三個介於二十歲到三十歲之間的孩子。

布蘭達：如果從事後去看過去的話……我甚至一個孩子都不會生。

巴莉

有一個一歲到五歲之間的孩子。

巴莉：如果我可以保有今天的一切認知的話，我會想讓時間倒轉……但現在時間之輪已經轉動，而我無法改變它。因為她現在有自己的人生。

我：這麼說是什麼意思呢？

巴莉：因為我現在得負起照顧孩子的責任，而不只是享受自己的生活。如果不用背負這些責任，我應該會很快樂；但一旦接下，也只能繼續。

茉莉

有一個一歲到五歲之間的孩子。

茉莉：我受不了了！我受不了當個母親，受不了這個角色。（中略）……我可以肯定地告訴妳，是的，如果我三年前就知道這些，那我不會生小孩的，一個都不生。

海倫

有兩個介於十五歲到二十歲之間的孩子。

海倫：我到現在才真正感覺到解脫……直到奧利總是獨立而成熟，而伊蘭已經被徵召入伍……我才開始感覺到自由。這是真的，對我來說這是最棒的事情（指孩子獨立）。但儘管如此，如果我要對自己絕對誠實的話，我個人寧願不要有任何孩子。

蘇菲雅

有兩個介於一歲到五歲之間的孩子。

蘇菲雅：即使到今天，他們已經三歲半了，如果妳問我，有個小妖精跑來問我：「妳想讓我把他們兩個藏起來，從世上消失，像是一切從未發生過嗎？」我會毫不猶豫的說：「好啊！」

桑妮

有四個孩子，兩個介於五歲到十歲，兩個介於十歲到十五歲。

桑妮：我不認為我想再來一次。我不會把這樣的想法告訴我的孩子，他們也知道我為他們付出一切、知道我經常做出犧牲。但我……（笑）……我不想再讓生小孩這件事情重來一次，特別是在我知道我會離婚，而且這一切重擔都落在我身上之後。而且有些狀況使得這一切變得更難熬：我的孩子中有兩個特殊兒童，這讓情況更加艱難。

麗茲

有一個介於一歲到五歲之間的孩子。

麗茲：可能不會，嗯，可能不會。我要再次說，這對我來說難以開口，因為我會覺得也許一切會改善、也許這會改變，但其實這一切都沒變，而事實上這已經成為我的負擔。一直都是「媽咪、媽咪、媽媽媽媽咪！」去他的媽咪，讓我獨處吧！（笑）我談的是那些我們真正面臨的困境與難題，而非那些文化或道德上正確的事，像什麼我擁有這些有多幸運……

葛蕾絲

有兩個孩子，一個介於五歲到十歲，一個介於十歲到十五歲。

葛蕾絲：噢，妳知道答案的，我會放棄生小孩（笑）。甚至連這份焦慮我都會一併捨棄。就是這麼強烈的情緒，當我想到自己往後會發生什麼事——我當然會放棄生小孩。但我要再強調一次，我需要有我今日的認知，我才會選擇不生。

艾迪絲

有四個孩子，兩個介於二十五到三十歲，兩個介於三十到三十五歲，已經當上祖母。

艾迪絲：就像他們說的那樣──「不！」妳知道的，除非我可以完成我的醫學院學程，也許在我有了工作或一切之後我會選擇生？但我不這麼認為。因為那實在是有夠浪費時間，而其中帶來的快樂時光又有多少？就算真的有所謂的快樂時光好了，但和我所需要耗費的力氣相比，值得嗎？

瑪雅

有兩個孩子，一個介於一歲到五歲，一個介於五歲到十歲，受訪時懷有身孕。

瑪雅在我問完問題之前就回答了：我不會生小孩。

提爾紗

有兩個介於三十歲到四十歲之間的孩子，已經當上祖母。

提爾紗：我不認為我適合當一個媽媽，所以我……每次我跟我的朋友談話，我告訴他們如果從前的我能夠有今日的見解和經驗，那我連一個孩子都不會生。對我來說最痛苦的事情是我沒辦法回到過去改變這一切，我沒辦法修復這一切。

除了以上這些果斷回應我的女性（有時在我問完問題前就已經回答了），有幾位女性花了更多的時間考慮她們的答案，因為她們發現自己很難回答這樣一個帶有假設的理論性問題。她們所處的社會環境向來明確地推動她們嚮往當個媽媽，這類問題往往帶有悲傷的情感負荷，使她們更難做出回應。因此，這些母親相信如果她們重返過去時，並沒有現今的經驗和認知，她們或許仍會做出相同的選擇，以避免未來的痛苦與悔恨。但一旦她們擁有現在的認知和經歷，那她們的答案會是這樣：

葛蕾絲

有兩個孩子，一個介於五歲到十歲，一個介於十歲到十五歲之間。

葛蕾絲：我重述一次，關鍵之一是，當時的我們並沒有今天所擁有的認知。我知道，如果回到那個處境下——我會一直後悔自己沒生小孩。因為我們沒辦法讓時光倒轉，這就是人生。但如果當初尤瓦跟我有著今日所認知的一切，那麼——我想我們能夠過著很好的生活。

蘇菲雅

有兩個一歲到五歲之間的孩子。

蘇菲雅：我以為我想當個媽媽，但事實上我不想。我或許會想像論壇裡面的其他人（以色列的網路論壇「選擇沒有孩子的人生」）一樣，但我並沒有。直到妳真的陷入那個處境之前，妳很難知道自己真正的想法，我很難知道自己會如何反應——因為那不是一種能嘗試看看的選擇。

羅絲

有兩個孩子，一個介於五歲到十歲，一個介於十歲到十五歲之間。

羅絲：對我來說，要回答這個問題很困難，因為如果我沒有孩子，就不會有現在的這些認知。但如果我能知曉自己今天所知道的這些（連要用寫的都很困難——因為這麼說像是我要放棄我的孩子，放棄我的一部分）……

但如果我能知道這些，身邊的環境支持我，社會也可以接受這種決定的話——那我不會生小孩。

潔姬

有三個孩子，一個介於一歲到五歲，另外兩個介於五歲到十歲。

潔姬：雖然有點自相矛盾，但我可以告訴妳：如果我在無法洞見未來的情況下回到過去，可能會做出完全一樣的選擇，因為我還是想要孩子。但如果有人能夠讓我知道未來的自己是什麼情況，那我不會做出一樣的選擇的。我不會，絕對不會！我甚至……

我：甚至？

潔姬：（深深地吸一口氣）告訴妳，如果可以的話，我多麼想抹去我生命中的一部分。（中略）我告訴我自己，我希望自己有天醒來時他們會消失……我真的……我知道說這些不太好，但是……（中略）在我崩潰以後，我意識到我犯了大錯，選擇生了小孩……現在我的生活真是讓我後悔。這件事……（長長的停頓）……讓我真的很想回到過去，改變一切。

有些女性會思考過去她們可以選擇的另一條路，也有一些女性回答問題時是想像著「下輩子的人生」。例如妮娜，她一方面渴望自己能從母職的責任中獲得解脫和自由，但另一方面，她知道如果重來，自己還是會選擇生小孩，只是方式會不太一樣——部分原因來自她視自己為一個傾向符合社會規範的人，一旦「偏離常軌」便可能感到掙扎與不適。然而，最終對她來說，母職並非一段必要的人生經驗：

妮娜

有兩個孩子，一個介於四十歲到四十五歲，一個介於四十五歲到五十歲，已

經當上祖母。

妮娜：我說，我總是這麼和樓下的鄰居開玩笑，說我們下輩子不會生小孩了。（笑）我們還是會相遇，但這次沒有孩子，只需要互相照顧。

我：妳是在幾歲的時候當上媽媽？

妮娜：二十七歲的時候，我在二十四歲的時候結婚。

我：如果妳能帶著現在的認知和經驗回到二十七歲，妳會怎麼做？

妮娜：我還是會生，但我人生事物的優先順序會和現在很不一樣。我的重心、關注點和處事方式都會完全不同。因為回顧看過去，我覺得自己過度順從人生安排，沒有自己設定規則和方向，只是被我的生活拖著走。（中略）我不知道自己是否有勇氣、有膽量……沒錯，我沒有膽量去做這些事。我不確定自己有勇氣選擇其他不同的道路，有意識地選擇不生小孩。

我：妳說如果妳回到二十七歲，還是會生小孩；但另一方面，妳又說妳下輩子不會生小孩。妳是怎麼看待這之間的矛盾的？

妮娜：所以我說的是，「如果」我當時就已經足夠成熟，對重要的事物擁有開放的態度——那一切將會不一樣。整體來說，我的孩子們是正向的存在，他們是善良的人，品性端正，像是來自伊休夫（以色列屯墾區）的人。就是這樣。

我：對妳來說，妳想像中沒有孩子的下輩子是怎樣的生活？

妮娜：是幻想中的自由生活，我是自由的，只需要為自己負責，而不需要擔負起別人的責任。只需要確保自己的選擇是正確的，沒有人可以指責，也沒什麼需要抱怨的——我可以直接告訴妳，那些在我現在的生活中已經太多了，我已經筋疲力盡。每周都要照顧這個孩子、那個孩子……還有錢，對，就是錢，錢會改變整件事情。如果經濟許可，我寧可幫他們請個保母，或用其他方式幫助他們……但不管怎樣，我還是把這些事情都看成是我的責任。即使我的理智告訴我，我已經到了應該讓他們自己負責人生的年紀，但我仍然無法完全抽離。這並不是說我感到內疚，我不責怪我自己。雖然孩子們都說：「如果當初我們聽媽媽的話，今日的處境會截然不同。」但我依然覺得幫助他們是我的責任，至少他們可以比我更早開始走自己的路。

我：妳的朋友也參與了這次研究，她告訴我：「如果妳要研究這個主題，妳一定要跟妮娜談。」妳怎麼看待她說的這段話？

妮娜：（笑）妳看，因為我們總是在說，沒有人非得生小孩不可，孩子不是必要選項。

不同女性的陳述顯示，她們對母職的個人看法與社會預期並不相符。這些後悔的母親所想像的各種替代情境，駁斥了社會承諾的「每位母親遲早都會愛上當媽媽這件事」。社會的承諾是，每位母親都會逐漸調整自己的情感世界，最終會順應母職的軌跡，並在時間與情感的推動下，進入一種穩定的母職身分，自在地適應母親的角色，而不會產生想要撤回選擇或扭轉時光的念頭。然而，對這些女性來說，這一切並未實現。

儘管在尼克・謝爾頓（Nikki Shelton）和莎莉・強生（Sally Johnson）的研究中，那些在母職中面臨困難和矛盾的母親們，仍然試圖將自己的歷程導向一個「快樂結局」，也就是一種最終能夠整合母職身分的發展過程。[23]但在我的研究中，參與訪談的女性則是透過回溯過去、想像未來，甚至幻想下輩子的不同選擇，來審視當下的母職經驗——而這是一種持續不適，且預見未來不會改善的經驗。即使她們之中有些人期待未來的狀況能有所緩解，但她們的敘事大多缺乏社會預期的「漸入佳境」。因此，不管她們當媽媽不到十年，或者當媽媽已經超過二三十年，社會所承諾的那個未來——也就是母親們將安於自己的母親身分——都仍未實現，而且她們也不期待那會實現。這些有血有肉的母親的親身經歷，顛覆了「母職必將朝更好方向發展」的神話，使其不再可信。這些母親的後悔，可說是動搖了社會對母職的期待。

後悔來自「當媽媽」，而非「孩子」

大多數參與訪談的母親，都十分強調她們對「母職」和「孩子」的感受是有所區別的。美國社會學家傑西・伯納德（Jessie Bernard）在她一九七〇年代的著作《母職的未來（暫譯）》（The Future of Motherhood）中，提到那些勞動階級和中產階級的母親「居然敢」承認：她們愛自己的孩子，但是恨自己的母親身分；[24]對那些參與我研究的母親們來說，這樣的區別有助於釐清哪些是她們後悔的事，哪些不是。在表達她們內心的情感掙扎時，這些母親堅持強調，她們的後悔並非針對「生育的對象」——也就是自己的孩子：

夏洛特

有兩個孩子，一個介於十歲到十五歲，一個介於十五歲到二十歲。

夏洛特：妳看，這很複雜，因為我後悔當媽媽，但我不後悔他們的存在，也不後悔他們是怎樣的人，他們的個性。我愛這些人。即使我當初嫁給那個蠢貨，我也不後悔，因為如果我嫁給別人，我的孩子就會是不同的人。而我愛我的孩子，所以這真的很矛盾。我後悔生小孩，後悔成為母親，但我愛我擁有的這些孩子。所以，是的，這不是一個能輕易解釋的情感。因為如果我真的後悔，那就意味著我不希望他們存在。但我並不希望他們不存在，我只是……不想當媽媽。

多琳

有三個介於五歲到十歲間的孩子。

多琳：我有點難以開口，因為我真的愛他們，非常愛。但我……有很長一段時間需要心理醫生的協助。說來有趣，如果有什麼是我完全確信的，那就是這些感受了。雖然成為母親的歷程並不圓滿，但「我愛孩子」對我來說是心口合一的。這種矛盾感真的很強烈——「哇，我有孩子，我愛他們，但如果可以選擇，我會放棄這個身分。」所以，回應妳的問題——如果我能選擇不同的人生，我會的。

莉茲

有一個一歲到五歲之間的孩子。

莉茲：順帶一提，我的懊悔是關於為人父母，而不是孩子本身的存在。這對我來說是一個很重要的區別。我有一個很棒的孩子，他非常優秀，幸運的是，他就是這樣的個性。因為我在育兒上遇到困難，他才變成現在這樣。若他沒有這麼棒——或許我的養育方式也影響了這一點，因為他別無選擇，只能成為這樣的人——但假如（上帝保佑）他有特殊需求，或是超出了基本育兒範圍（而基本育兒對我來說已經很困難了），那情況會更加艱難。

所以我強調這個區別，因為他對我來說非常重要。他真的很可愛，當我越了解他，知道他的世界觀、他的個性，他對每件事都有堅定的看法，而我很欣賞他能夠自信地表達自己——我真的很愛他。但……這是一個很矛盾的情感。我無法對一個我深愛並且密切連結的人說出「我後悔他出生」，因為我不後悔他存在。我後悔的是為人父母這件事。當初我並沒有發自內心地想成為母親，而是基於理性的決定。但現在我認為，因為育兒充滿挑戰，只有當你內心真正渴望成為父母時，才應該做這個選擇——這才是更好的出發點。

卡梅爾

有一個十五歲到二十歲的孩子。

卡梅爾：我非常愛伊多，他是個很棒的孩子，儘管養育他並不是一件容易的事。從他出生開始他身上就有點小麻煩，而且那樣的麻煩會跟著他一輩子，但我們有著很美妙的聯繫，我跟他的感情很親密，他是個極好的孩子，我的後悔跟伊多無關，一點關係都沒有。

德布拉

有兩個十歲到十五歲之間的孩子。

德布拉：我現在必須先說清楚：我的孩子真的很棒。他們不只是優秀的孩子，更是了不起的人。我在他們身上看到了非凡的潛力。他們是善良、美麗、聰明又有才華的人……但這與我的感受無關，這與他們無關。我不想要的，是這個身分。（中略）對我來說，成為母親並不是正確的選擇。對我來說，為人父母既不理性，也不合適，也不適用於我。不是因為我無法成為母親，而是因為這個角色不適合我。這不是我。當妳問我：「德布拉是怎樣的人？」我不會回答：「是一個媽媽。」在提到「媽媽」之前，我會先說很多其他身分。我通常根本不會提起自己有孩子，雖然最後總是無可避免地會說到這件事，但我不會主動提起它。我不會把自己定義為「德布拉——母親與女人」，不會。我會說：德布拉是一位經理，德布拉受過良好教育，德布拉是一位美國裔以色列人，德布拉是一位妻子，德布拉是一位思想家，德布拉是個世俗主義者……然後，在所有這些身分之後，才會出現：「哦，德布拉也是一位媽媽。」而且，說這句話的時候，內心還帶著某種程度的歉意。所以，在這層意義上，我確實有些後悔。因為在我的日常生活裡，我一直被放在一個不屬於我的位置上。但我並不後悔生下孩子，因為我帶來這個世界的，是兩個非凡又美好的人。

這些女性明確區分她們後悔的是當媽媽，而不是孩子的存在。她們將自己的孩子視為擁有生存權利的獨立個體，但同時，她們後悔成為這些孩子的母親，後悔自己必須為他們的人生負責。

因此，雖然渴望不成為母親通常也意味著孩子不會存在，但這並不代表她們希望抹去那些已經出生、作為獨立個體存在的孩子。這樣的區別，試圖暫時切斷母親與孩子之間那條象徵性的臍帶，使母親與孩子的關係超越家庭結構的既定角色。

然而，這樣的訴求往往被視為不可能實現。社會認為，母親就是母親，她必須永遠以母親的身分行動，無法擺脫這個角色。這種信念的根源之一，來自佛洛伊德的理論。隨著二十世紀的發展，他的觀點不僅影響了心理治療領域，也滲透到更廣泛的文化與社會價值觀。佛洛伊德的研究不僅認為母親並非一個獨立的個體，更明確主張她對此無從選擇。在他的學說中，母親總是被視為一種功能性的存在，服務於他人，而她個人對母職的情感體驗則被忽略了。這種對母親自身經驗的漠視，使她們一方面被賦予人類情感發展中的核心角色，另一方面卻又被視為背景般的存在——母親既存在，又不存在。[25]

因此，堅持區分「後悔當媽媽」與「後悔孩子的出生」，不僅僅是關於後悔本身，而是女性試圖掙脫社會賦予的母職角色，以獲得獨立個體認同的根本抗爭。

這樣的訴求並不僅限於後悔當媽媽的女性。數十年來，學者與作家們一直倡導應將母親視為獨立個體，讓她們能夠自由表達、分析自己的情緒，並審視其中的意義，而不必因他人的生命而模糊自身，甚至失去自我。然而，在現今社會，這仍是一項困難的挑戰。因為許多女性將生育與成為母親視為自我認同上的根本性、催化式的危機，[26]尤其是當她們經常被告知，將自己融入他人的生活才是「**理想的母親形象**」時，這種挑戰就更加嚴峻。塔瑪・哈格（Tama Hagar）寫道，「雖然理智上我知道這是社會的期待，我也試著接受這一點。然而，當我在產後的第一天醒來時，我意識到，從這一刻起，人們期待我——這樣一個有痛苦、有情感、有慾望與志向的人——會無限期地拋棄自我，削減自我，最終讓它徹底消失。」[27]在這樣的情境下，母親們對於後悔當媽媽的敘述，就像拼圖中被補上的缺角。她們的後悔提醒著社會：母親不只是履行職責的角色，她們也是有思想、有情感、有渴望、會做夢、會記憶的個體。這一點，將在第六章進一步探討。

頓悟時刻：原來，我不想當媽媽

當這些參與我研究的女性，談到她們真正意識到並深刻感受到「當媽媽對自己而言是一個錯誤」的時刻時，她們更確定後悔並非來自孩子。這樣的時刻未必有清晰的開端、過程與結束，但她們仍然記得那是一個清晰而深刻的情感領悟，讓她們確立了自己對母職的看法。

有些女性是在多年後才意識到這一點，而另一些則早在懷孕期間，甚至剛生產後就已經體悟到。在她們還不了解自己即將誕生的孩子、尚不清楚孩子的性格與養育過程會如何時，就已經感到後悔了：

歐德拉

有一個介於一歲到五歲之間的孩子。

歐德拉：早在懷孕期間，我就已經感覺到後悔了。我意識到，這即將發生的事情——這個生命的誕生——並不是……並不是……我不會產生連結，我不會真正投入其中。

我明白，這是一個錯誤，沒錯……這對我來說是多餘的。純粹是多餘的。如果可以選擇，我會放棄它。

我：妳還記得是什麼事讓妳在生產前就有這樣的感覺嗎？

歐德拉：我明白了，這無關孩子是否會哭、我是否會生氣、我能不能忍受，重點是——這意味著我要放棄自己的人生。對我來說，這樣的犧牲實在太多了。

海倫

有兩個十五歲到二十歲之間的孩子。

我：妳還記得妳意識到自己感到後悔的那一刻嗎？

蘇菲雅

海倫：從一開始我就立刻意識到了。

我：發生了什麼事呢？

海倫：呃……妳看，就生理層面而言，生小孩對我來說並不困難。我很清楚，自己身體上沒有任何問題。但我立刻明白了……我不知道該怎麼向妳解釋……甚至在孩子出生之前，我就已經意識到了……或者說……不是「意識到」，而是——我本來就不想要孩子，而那種感覺彷彿讓我知道原因……好像，一切只有在真正發生時才會拼湊完整，你只有到了那個時刻才會真正理解。從孩子出生的那一刻起，你就明白了……甚至在那之前，你已經明白了……誰都會明白，這是顯而易見的。真的，毫無疑問。因為從生理上來說……就好像在他出生之前，我就知道……這是我不想要的……我不知道該怎麼說，但我當下就知道了……

有兩個一歲到五歲之間的孩子。

蘇菲雅：孩子出生後，我感覺自己犯了一個非常、非常大的錯，我像患了強迫症一樣不斷重複想著：「妳犯了個大錯，現在妳得為此付出代價。妳犯了個大錯，現在妳得為此付出代價。」然後我不停問自己：「為什麼我會犯下這個錯誤？為什麼我要這樣做？之前的生活到底哪裡不好了？」

提爾紗

有兩個介於三十歲到四十歲之間的孩子，已經當上祖母。

我：妳還記得妳是在什麼時候感覺到並（或）認知到妳後悔當媽媽嗎？

提爾紗：我想，從孩子出生的頭幾週開始，我就覺得這是一場災難。一場徹底的災難。我立刻意識到，這不適合我。不僅僅是不適合，這簡直是我人生中最可怕的噩夢。

卡梅爾

有一個十五歲到二十歲之間的孩子。

卡梅爾：我可以告訴妳，當他被我抱在臂彎中，我帶著他走出醫院的那一天，就在那一天，我感到極度的恐慌。我開始意識到自己做了什麼。而這種感覺，隨著時間的推移變得越來越強烈。（中略）我記得當天帶著他從醫院回家時——我沒有產後憂鬱，也沒有任何臨床診斷的問題——但當我走進公寓時，我突發了人生中唯一一次的焦慮發作。我還記得整整一個星期，我只想把他送回醫院。我甚至編造理由，試圖說服自己和別人他生病了，應該送回醫院。那陣恐慌是個開始，而從那之後就一直存在著。

我：當妳意識到的那一刻，妳有什麼想法？

卡梅爾：這是不可逆的。（沉默數分鐘）聽著，這是一種束縛。是一種枷鎖，一種苦役。

乍看之下，與生產相伴的焦慮很可能會被視為產後憂鬱症或心理困擾的症狀。目前，有兩種理論框架試圖描繪產後憂鬱症的成因與影響。第一種是醫學與心理學的觀點，著重於生理與荷爾蒙因素，認為這些不平衡可能導致悲傷或憂鬱。這一觀點將母親的情感世界視為個人化、私密的領域，並運用精神分析的概念與術語，例如，某些創傷性的童年經歷——如女性由一位功能失調的母親撫養長大——可能會增加產後憂鬱的風險。此外，女性自身對生育或母職的不切實際期待，也可能導致她們在生產後產生憂鬱情緒。[28]

第二種觀點則來自女性主義，它將這些情緒視為對現實環境的合理反應，而非單純的生理或心理問題。這一理論指出，母職的轉變往往發生在醫療管理的生產過程與家庭內的照護勞動這兩大脈絡之中，因此，女性在生產後的困難不一定直接與生產本身有關，而是來自與伴侶關係的衝突，或者生產可能觸發既有的家庭壓力，例如經濟困境或社會環境的制約。29

然而，傳統的醫學觀點往往忽略了，母親在養育上的困難有時可能源自她自身或社會對母職的不切實際期待。透過關注個體女性的經驗，我們可以觀察到這些挑戰並非僅限於母親，而是許多剛成為父母的人——例如父親或養父母——都可能面臨的普遍難題。然而，這兩種理論的共同前提是：即使產後憂鬱症存在，女性仍然渴望成為母親，卻未曾考慮到，對某些女性來說，情況可能完全不同。因此，儘管許多女性在生產後的幾天、幾個月甚至數年內都可能經歷產後憂鬱，但這個事實並不能為每位女性的痛苦提供合理的解釋，同時，社會也可能忽略了女性自身的聲音與感受：

德布拉

有兩個十歲到十五歲之間的孩子。

德布拉：我並不認為自己是憂鬱的，但我非常清楚，這不是我想要的。我並不是在生產後才意識到這一點，而是在之前就已經明白了。所以，這對我來說並不意外。

多琳

有三個五歲到十歲之間的孩子。

多琳：整個過程中，我一直覺得自己被困住了，但我並沒有產後憂鬱，一切看起來都很好。只是，現在我明白了——我根本不想要這一切，就這麼簡單。但妳知道的，在我們成長的環境裡，有些事情需要時間才能真正看清楚。（中略）來妳看，身體和靈魂其實……它們早就知道了。我沒有生育問題，但我的三個孩子——或者更準確地說有兩次懷孕——都是透過生育治療才成功的。因為我根本沒有自然懷孕。因為說到底，我其實不想要孩子，就這麼簡單。這很難以置信，這令人難以置信。我就只是不想當媽媽。

看起來，有些後悔成為母親的女性正在試圖打破社會規範，因為她們表達出來的，是一種並非週期性、特定時期、荷爾蒙變化、心理因素，或單純與社會經濟及家庭環境相關的危機。她們的經歷顯示，臨床或社會層面的診斷與治療並不足夠，因為這些解釋過度簡化了母職的多樣經驗，並讓女性無法自由地談論「後悔」這件事，反而被迫接受一種單一、可被社會理解的解釋，這成為了她們唯一能夠倚靠的說法。

雖然這種情況未必適用於每位在產後感到痛苦的母親，但至少，它應該被視為另一種可能的答案。在本研究中，許多女性——其中一些人的孩子已進入青少年時期，甚至二十、三十、四十歲，或已為人祖母——都強烈要求，社會應該納入一種全新的詮釋，來理解女性在懷孕與產後的經歷。這種詮釋應該能夠接納並聆聽她們的心聲：

「我不想要這一切。」

布蘭達

有三個二十歲到二十五歲之間的孩子。

布蘭達：在孩子出生後不久，大約六個月左右，我開始意識到自己陷入了一個深不見底的坑。（中略）當夜晚與白天混成一片，我在絕望中試圖尋找那些人們口中的「幸福、滿足與重生」，卻連一絲一毫這種感覺都找不到時，我開始懷疑——要嘛是我哪裡不正常，因為我的想法與那些對母職的美好描述完全沾不上邊；要嘛就是，其他人其實也處在一樣的困境中，只是她們擁有極為高級的自我欺騙機制，讓自己不敢說出口。

茉莉

有一個介於一歲到五歲之間的孩子。

茉莉：當我還在產假期間時，我真的很享受和孩子相處的時光。而且你知道的，那個階段的嬰兒其實不需要太多照顧。他睡覺、吃飯、換尿布。我會看《哇！親愛的爸媽們！》（以色列的一檔親子電視節目），學習一些東西，對我來說那時候還蠻有趣的，就像放學期假一樣，輕鬆愉快。然後，問題就開始了。當我回去工作，開始覺得我需要一些屬於自己的時間時，一切就變了。

我：妳是在這時候意識到了嗎？

茉莉：是的，沒錯。但要承認我其實更喜歡沒有孩子的生活，對我來說真的很困難。一開始我完全沒有這種感覺，可是，就像我告訴你的那樣，我為這些想法狠狠地懲罰自己，因為我不知道自己到底出了什麼問題。

莉茲

有一個一歲到五歲之間的孩子。

我：妳什麼時候意識到妳後悔了？

莉茲：聽著，我不覺得這是一個特定的時刻，而是一連串的事情。一開始真的很困難，因為我完全沒有頭緒，不知道該怎麼做，而且生活一下子被翻天覆地地改變了。我一直告訴自己，「沒關係，這只是暫時的」。然後，一年過去了，兩年過去了，大家還是在對我說，「這都是暫時的」。哦，你知道嗎？其實我想起來了，我確實有過那樣的一刻。當時孩子有腸絞痛，然後是長牙期，然後是沒日沒夜的哄睡……身邊的人一直安慰我：「沒事的，再過幾個月一切都會變好，你會看到希望，一切都會好起來。」幾個月過去了——但並沒有變好。然後，我找了一個朋友聊天，她跟我說：「聽著，三個月時是腸絞痛；一歲時是長牙；再來是青春期；然後是當兵。恭喜，妳有孩子了，這不會改變的。每個階段都有它的問題，等它過去是沒有用的。」就是在那個瞬間，我徹底明白了。那場談話真的讓我崩潰了。突然之間，我感覺無比沮喪。然後，我想……現在回想起來，那大概就是我真正意識到一切無法回頭的時候。這當然是個巨大的打擊。當然是。

許多女性在尋找自身情感的意義時，會以「震驚」的語言來描述她們在初為人母的最初幾週或幾個月裡所經歷的情緒衝擊，並將其形容為一種「震撼性的體驗」。這種經歷，很可能與準備不足以及在母職初期缺乏足夠的支持有關：

桑妮

有四個孩子，其中兩個介於五歲到十歲之間，另外兩個介於十歲到十五歲之間。

桑妮：我根本不知道有孩子意味著什麼，我不確定今天的大多數人是否真正理解這一點。我不是來自宗教家庭，而是成長於一個世俗的環境。我不明白養育孩子到底涉及什麼，如果當初我有充分的準備，也許我的態度會有所不同。來自宗教家庭的女性，可能從小就熟悉母職的角色與環境；但對我來說，我來自一個世俗世界——雖然後來我變得虔誠，但我當時認為，憑藉我的人生經歷，我已經準備好建立家庭。當時的我覺得自己心境穩定，人生已經體驗得夠多了，所以我想，有孩子應該是件美好的事，就像是在家中擴展我的愛。我有一個丈夫，然後家裡再多幾個愛我的小生命——對我而言，事情應該就是這麼簡單。我當時根本不清楚，真正的現實會是什麼。（中略）我並不知道這一切的「本質」是什麼。現在我看到那些三十歲以上的單身女性，她們對母職有更清楚的認知與理解，而我真的希望自己能像她們那樣擁有這種覺悟。我真的很羨慕她們。

與桑妮所描述的「因準備不足而產生的震驚感」相反，也與社會所承諾的「時間會帶來緩解」的期待相違背（例如：「沒關係，再過幾個月一切都會變好，你會看到希望，一切都會好起來」），莉茲的未來願景卻完全不同——她看見的不是改善，而是停滯。當孩子沿著既定的人生軌跡前進（三個月時是腸絞痛；一歲時是長牙；再來是青春期；然後是當兵），母親莉茲卻感覺自己始終停留在原地，只是隨著時間與環境變化，不斷在不同時刻經歷相同的情緒困境，而這一切的背景就是孩子成長的過程。

許多母親可能在產後初期面臨各種挑戰，但最終會隨著孩子的成長而有所緩解。然而，「後悔」所描述的情感狀態，卻並不會隨著時間推移而改變或改善。

由於社會對母職的定義幾乎只有「最終會帶來滿足感」這一條路可走，許多母親在無法符合這種期待時，只能努力尋找其他解釋來安放自己的感受——例如質疑自己的理智，或認為所有父母都共同參與了一場「沉默的陰謀」，隱瞞了母職的真相。有些母親在較晚的階段才意識到自己「後悔」了，但不安的感覺早在生產後幾個月就已經開始萌芽；對於另外一些母親來說，這種感受則是在多年後逐漸成形，有時甚至是在第二胎或第三胎出生後才變得無法忽視：

羅絲

有兩個孩子，一個介於五歲到十歲，一個介於十歲到十五歲。

我：妳還記得妳意識到自己後悔的「那個時刻」嗎？

羅絲：只有在生下第二個孩子之後，我才真正明白。第一胎出生後，我就已經意識到，夫妻關係再也不會回到從前，從那一天開始，我需要照顧另一個生命，我的人生將徹底改變，無法回頭。但直到第二胎出生後，我才終於確定這一切並不適合我。讓我解釋一下：在第一胎出生後，我曾經以為問題出在自己身上，覺得是不是因為我還不夠成熟、不夠準備好，還需要去接受治療。所以我真的去做了心理治療，也試著面對內心那些痛苦的地方，但我錯過了真正的問題核心——那就是我無法適應為人父母的角色。當時，我還天真地以為，第二胎會是一種「修正性的經驗」。我以為，現在的我已經成長了，也接受了治療，身邊的人——尤其是我的丈夫——都變得更敏感、更支持我，所以這一次，我應該能夠做得不一樣。我沒意識到，問題根本不在我自己，而是在於「成為父母」這個決定本身。

絲凱

有三個孩子，兩個介於十五歲到二十歲，一個介於二十歲到二十五歲。

絲凱：我現在告訴妳的這些事，這些我今天能清楚解釋的領悟——其實，都是我到了三十五、四十歲，接受心理治療後才真正明白的。在那之前，我就像個沒有自覺的小孩，完全不懂發生了什麼。我感覺到了，我感到不自在，我非常焦慮、壓力很大，但我不知道原因是什麼。我總是對自己說：「好吧，一定是我哪裡出了問題。」但我從沒想過——原來，問題就在這裡，這就是現實。直到我開始接受治療，我才開始真正理解。

（中略）說實話，在那幾年的治療過程中，我真的很希望自己會有所改變，希望有一天，我能夠真正與孩子建立聯繫，感受到他們是我生命的一部分，讓這一切變得「自然」——就像應該發生的那樣。我希望自己能夠享受與孩子相處的時光，會想念他們，會渴望見到他們，希望自己可以發自內心地、毫不勉強地給予他們愛，真正投入其中。（中略）但我想，在接受治療還不到一年時，我就明白了一件事——這對我來說，是一個悲劇性的錯誤。就在那裡，在治療室裡，我終於意識到了。（中略）但治療的過程對我來說非常非常困難。一開始，我甚至連承認這一點都覺得極為痛苦。你知道嗎？即使是在治療剛開始的時候，我仍然一直試圖保護自己，不敢面對真相。

每位母親都採取了一些行動，希望能夠縮小「她們的實際感受」和「現實社會期待她們應該產生的感受與想法」的差距，希望讓理想與現實更接近。例如，羅絲選擇再生一個孩子，希望透過這個經驗來「修正」與「補救」自己對母職的感受，而其他母親則選擇尋求心理治療，試圖找出「自己到底哪裡出了問題」。對她們而言，這場危機並非典型的「成長性危機」，不會隨著時間推移而讓人成長，而是一場來自無法承認「成為母親是一個錯誤」的困境，因為這樣的感受既沒有語言可以描述，也沒有空間可以被容納。

瑪雅

有兩個孩子，一個介於一歲到五歲，另一個介於五歲到十歲，受訪時懷有身孕。

瑪雅：妳知道嗎，最近我發現，有些事情只有當妳不斷思考、反覆咀嚼後，才會真正理解。而就在最近，一切突然清晰了，我可以說，妳的文章*讓我徹底釐清了這件事。我一直在思考這些問題，而這篇文章就像是把整個故事拼湊完整了。現在，我終於知道自己真正的感受了——不再困惑，不再懷疑，不再猶豫，我已經可以明確地指認出來。

我：妳的意思是，這篇文章「替妳的感受找到了名字」？

瑪雅：完全沒錯！完全沒錯！因為……在那之前，我的腦中一直有許多……在讀這篇文章之前，我曾經和朋友聊過這件事——那是我第一次說出口，但當時，我還沒有準備好接受自己的話。我說了，然後馬上被嚇到了，又試圖收回，因為我正在經歷這場「自我理解」的過程。

*在研究的早期階段，一份在以色列廣為流傳的報紙接觸我，請我寫了一篇文章〈幕後〉，來探討「後悔當媽媽」這個一向被視為禁忌的情感態度。這篇文章發表於二〇〇九年六月，在刊登後，有幾位後悔為人母的女性跟我聯繫，瑪雅也是其中之一。

關於性領域的討論，女性主義學者凱瑟琳・麥金農（Catharine MacKinnon）曾指出，女性不僅被剝奪了自身的私人經驗，也被剝奪了描述與理解這些經驗的語彙與概念。[30]羅絲、絲凱和瑪雅的話進一步揭示了，母職作為女性生命中另一個核心領域，也可能缺乏適當的詞彙來進行探討。當社會缺乏對「後悔當媽媽」的討論空間時，人們只能用單一的解釋來說明這種情緒——也就是將問題歸咎於女性／母親本身，認為那些後悔當母親的女性應該尋求心理治療，試圖解決她們的焦慮與不安。

然而，由於每位母親意識到自己後悔的時間點都不同，因此「她們只是迷失方向」的解釋就顯得站不住腳。這些後悔成為母親的女性所描述的經驗顯示，她們對母職的感受，取決於她們在「母職的優缺點之間」尋找個人平衡的方式。如果我們採用社會學家伊娃・伊魯茲（Eva Illouz）的觀點——她認為情感是個體在特定互動中的「定位指標」，用來解釋我們在某些情境下的自我認同與位置[31]——那麼我們可以說：羅絲、瑪雅和絲凱對「後悔當媽媽」的情感理解——在她們生育多年後的回顧中——為母職的討論提供了一個新的參照點。

當媽媽的好處與壞處

「如果能回到過去，妳還會生小孩嗎？」母親們可能會在這個問題上給出否定的答案，但仍不會認為自己對母職感到後悔；同樣地，也有母親會給出肯定的答案，基於不同的理由，但她們仍然認為自己後悔生了孩子。因此，在訪談中，我引入了「評估」這個維度來探討「後悔」的概念，詢問她們在個人經驗中如何衡量母職的優勢與劣勢，並觀察她們的天平傾向哪一端。

研究結果顯示，對於許多母親來說，母職的優勢在於它能夠帶來一種成熟感，並證明自己具備建立良好親子關係的道德能力。這些關係進而在女性與自身、家庭、社區乃至整個國家之間建立起一種秩序。在她們看來，這種與周遭世界的連結感，若沒有成為母親，是無法實現的。

德布拉

有兩個介於十歲到十五歲之間的孩子。

德布拉：我認為，成為母親的主要好處，與以色列社會的文化氛圍密切相關。在這個社會裡，成為「局外人」是困難的，無論是自願還是被迫，身處主流之外都意味著挑戰。但擁有孩子，即使在其他方面妳仍然是不合群的，某種程度上，它仍然能讓妳融入主流社會，並在某些方面讓生活變得稍微容易一點。

所以，這算是一種好處嗎？也許是。因為這樣一來，妳不需要在每一個領域都奮力抗爭。（中略）……至少，在「生兒育女」這個方面，妳不再需要與社會對抗。你完成了這個「角色」，妳勾選了「正確的選項」，因此不會再面對來自家庭與社會的壓力。在猶太與以色列社會裡，「妳什麼時候要生小孩？」、「只生一個不夠吧？」這些問題總是不斷盤旋在空氣中。而當妳成為母親後，至少在這個層面，妳已經履行了社會期待，不再需要為此抗爭。即使在其他方面妳依然沒有滿足社會對妳的期望，但至少在這個層面上，妳已經「達標」了。

從社交角度來看，這也影響了社會關係的運作方式。隨著時間推移，妳會不斷經歷不同的社交圈變遷——一開始是妳的高中朋友，接著是軍隊的朋友，然後是大學朋友，然後是伴侶之間的社交，而下一個階段，則是「有孩子的夫妻」聚在一起。共同的話題會發生轉變——不再是「你大學打算讀什麼？」而是「懷孕的進展如何？」、「照顧孩子的狀況如何？」、「小孩會走路了嗎？」等等。當妳不屬於這個新的社交圈時，妳會慢慢與原本的朋友圈產生距離，甚至失去這種互動的連結。對我來說，因為我本來就不是特別愛社交的人，所以這並沒有深深困擾我，但這種變化確實存在，因為身邊的人開始進入這樣的群體。（中略）……這就像是一張「社會入場券」，它讓一切變得更簡單。

而布蘭達提到了其他人認為母親身分有的優點，並用她的方式加以敘述。

布蘭達

有三個孩子，都介於二十歲到二十五歲之間。

布蘭達：在我看來，當媽媽確實有一些好處。生產後會有一種難以言喻的幸福感，與孩子之間的親密關係、歸屬感，以及對自己的自豪感——妳完成了一個夢想。雖然那可能是別人的夢想，但妳仍然實現了它。

研究中的其他女性則表達了對自己內在轉變的滿意——這種內在關係與她們的孩子一同誕生，讓她們感覺自己比以前更加成熟、充滿愛心、願意付出、更具同情心、更有耐心，也更能感同身受。

多琳

有三個介於五歲到十歲之間的孩子。

多琳：妳知道嗎？當媽媽還是會有那麼幾個美好的時刻，或者說，某些微小的幸福。真的，這種感覺……

我：像是怎樣的事情呢？

多琳：呃……如果突然……可能是因為……不，我不知道該怎麼說。舉個例子，上星期羅伊要參加一場妥拉經（注：猶太教經典）測驗，他希望我們可以一起複習，所以我們坐在一起讀了一小時半。我很享受這個過程，因為這是一種成熟的互動，充滿意義。對我來說，這是一次很愉快的經歷。真的。

我：妳的意思是，對妳來說，當媽媽是有好處的？

多琳：當媽媽的好處？我來告訴妳吧。確實有一些好處，比如它讓一個人變得……唉，變得不那麼膚淺。它讓我擁有更深入看待事物的能力，但不是那種「生命延續」的角度，而是來自同理心、妥協、共情的角度。它讓我更了解自己，當我全身心地投入時，這對我來說意味著什麼——而這是世界上不會有任何其他人能夠替我做的事情。它讓妳變成一個不同的人。我覺得……可能聽起來有點可笑，但也許，我不想說變成「更好的人」，但至少變得更能包容。差不多就是這樣的感覺吧。

瑪雅

有兩個孩子，一個介於一歲到五歲，一個介於五歲到十歲，受訪時懷著身孕。

瑪雅：我發現了一件非常有趣的事情——儘管我對成為母親以及履行母職這

個過程，充滿了後悔與各種負面情緒，但我發現，這讓我變成了一個更好的人。因為我有責任去撫養孩子，用愛去教養他們，讓他們成為懂得傳遞愛與善良的人，成為善良、有同理心的人。所以，我必須以身作則。而如果我要作為榜樣，這件事就不能只是表面功夫——至少對我來說不行。所以，我發現自己不斷在努力改變、修正自己，希望能把這些價值觀傳遞給我的孩子。因為孩子不是從你教他們的話語中學習，而是從你的行為中學習。如果我只是讓他們坐下來聽我講道理，那是沒有用的。他們學到的，是他們所「看到」的，而不是他們所「聽到」的。我不能說這一切都很美好，或是我做得完美無缺。有時候，我也會摔跤，也會狼狽不堪。但同樣地，這些摔跤，也讓我變成了一個更好的人。

或者，套句納奧米的話來說：「這感覺就像是，你在重新養育自己一次。這無疑是一種極其強烈的體驗。」

而儘管我的問題是關於母職帶來的好處。當她們談到母親身分帶來的正向影響時，也會穿插著母親身分帶來的負面影響：

潔姬

有三個孩子，一個介於一歲到五歲，兩個介於五歲到十歲。

我：妳覺得母親身分能夠帶來什麼好處嗎？

潔姬：妳看，嗯……當我看到我的小女兒如今變得非常獨立，會表達自己，堅持自己的立場——我不能說這對我完全沒有影響。還有奧菲克長大後，逐漸變成一個男人……這些時刻確實存在。但我不認為，這些片刻的美好，足以彌補一路走來所經歷的一切。雖然人們總會告訴你，「這一切都是值得的，因為有一天，他會叫你『媽媽』，會給你一個吻。」

伊迪斯

有四個孩子，兩個介於二十五歲到三十歲，兩個介於三十歲到三十五歲，已經當上祖母。

我：妳覺得當個媽媽有什麼好處嗎？

伊迪斯：當然，因為孩子給予的愛，和伴侶的愛是完全不同的。這種愛非常美好、令人愉悅。當他們還小的時候，那是一種無條件的愛，與任何其他形式的愛都不同。但當他們長大後，就變得困難了。他們開始渴望獨立，這段關係變得複雜、不同。它不像其他的愛……它更真實、更自然地流動著。但有時候，這種愛就像一把刀直刺心臟——然後……當然，也可能完全相反，一樣深刻，卻帶來相反的痛苦。那種痛楚，是無法言喻的。

一開始，妳總是想擁抱他們，因為那時候的連結是那麼真實、那麼美好。或許，是因為他們還需要妳，需要妳這麼深切，而當有人如此依賴妳時，那種感覺是無法取代的。但同時，他們也奪走了一切。他們從妳身上，帶走了一切。

然而，即使在談論母職的好處時，所有參與研究的女性仍一次次提及她們眼中當媽媽的壞處。其中有幾位母親甚至直接指出，她們完全無法為自己找到任何好處可言：

妮娜

有兩個孩子，一個介於四十歲到四十五歲，一個介於四十五歲到五十歲，已經當上祖母。

妮娜：好處……？（沉默好一陣子）我得到什麼好處？妳是說物質方面的？

我：妳可以談談任何妳感受到的。

妮娜：我……我真的很喜歡擁抱孩子。最讓我……嗯……當初我想去學習某個專業時，需要基布茲（注：以色列集體農莊）批准，我當時選擇的是嬰幼兒照護。至於好處……或許，它能讓妳在某個特定的圈子裡建立社交關係，透過學校、透過與更多人的相識，它能帶來一些友情、一些人際聯繫。但好處？我真的看不出來它有什麼好處。它只是滿足了個人的自尊心，讓妳不用為自己選擇了一條截然不同的路而道歉。它幫助妳感覺自己和其他人沒什麼不同。是的，我一直害怕自己與眾不同，害怕偏離既定的軌道。這一切，說到底只是恐懼與焦慮。但真正的好處？我想，應該沒有。

莉茲

有一個介於一歲到五歲之間的孩子。

莉茲：我得說，我一直在找當媽媽有沒有給我帶來什麼好處，但除了一個可愛的孩子以外——完全沒有。因為從各方面來看，我在當媽媽前原本就不缺什麼。但現在的我，感覺比以前糟糕得多了。（中略）不，我真的很努力去想了（笑），但我完全沒有找到任何好處。我答應妳，如果我哪天找到了，一定會告訴妳。

絲凱

有三個孩子，其中兩個介於十五歲到二十歲，一個介於二十歲到二十五歲。

絲凱：老實說，我完全看不到當媽媽的任何好處。真的，一點都沒有。對我來說，這沒有任何意義……我個人完全無法理解那些人談論的事情，比如什麼「下一代」、什麼「等我們老了」這些話題，這些概念對我來說毫無意義，我甚至不明白他們到底在說什麼。對我來說？沒有。當媽媽對我來說，只是一種無法承受的負擔。我無法放鬆……孩子在身邊時，我無法放鬆；孩子不在身邊時——比如現在，我還是無法真正放鬆。因為我會想：「也許他們很快就會回來。」但不只是因為他們即將回來，而是因為那種無時無刻的內疚感，對每一件小事都感到內疚。我無法看到……無法覺得這件事對我的人生有任何好處。今天，我可以非常確定地說，如果我今天能重新選擇，如果我擁有現在的認知，並且不生小孩——我的人生會好得多，毫無疑問。妳覺得，在我的處境下，還能有什麼好處可言？

在我詢問這些母親「好處」與「壞處」時，她們尖銳地直指那些壞處，而那些就是導致她們後悔的原因：

艾莉卡

有四個三十歲到四十歲之間的孩子，已經當上祖母。

艾莉卡：為了未來某天的快樂、為了那短暫的一刻幸福，卻要承受這麼多年的煎熬？而且有時這些苦難是不會結束的，就這樣一直持續，像是永無止境的折磨。妳說我到底得到什麼好處？

桑妮

有四個孩子，兩個介於五歲到十歲，兩個介於十歲到十五歲。

桑妮：妳看，我的付出確實有回報。感謝上帝，這些回報很多，而且我很早以前就開始享受它們了。

我：那麼，對妳來說，這些回報「值得」嗎？

桑妮：「值得」是什麼意思？我不知道。什麼叫值得？我完全不理解這種比較的邏輯。這就像是說，「孩子的笑容就足以讓一切都值得。」這是屁話。這根本不是真的。這兩者根本沒有任何關聯——這之間的關係是什麼？這就好比拿刀割傷一個人，然後對他笑。那麼，那個笑容值得嗎？這完全沒有關聯。為什麼要為此受苦？這是什麼自虐行為？好吧，自虐可能還能帶來一點快感。但這又有什麼關係呢？我完全無法理解「為了孩子的笑容而受苦」這種說法。妳在街上隨便找個孩子，他也會對妳笑——妳根本不需要經歷懷孕、生產、那些可怕的折磨，還有所有這些狗屁事。這種說法，我完全無法認同。

儘管母職所帶來的回報或其缺失可能取決於女性的個人經驗——這是她們的價值觀、需求與環境所共同塑造的——但與此同時，她們的陳述也回應了社會為了說服女性成為母親，而為母職設定的種種好處。因此，正如當媽媽的好處往往與成熟、有品德的女性形象聯繫在一起，對這點的否定同樣也是建構在這類社會形象之上的——因為女性的觀點依然受到她所處環境對母職意義的詮釋所影響。

雖然有些人認為孩子能夠保證「體面的晚年生活」，會承擔照顧父母的責任，並讓個人的生命得以延續，但許多母親對此持懷疑態度。更甚者，她們在自身經歷中看到的不是這些好處，而是更多的缺失——她們並不認為自己擁有值得傳承給下一代的經濟資源或精神遺產。因此，儘管這些女性拒絕接受社會賦予母職的意義，甚至對其加以諷刺，但她們的言論本身仍然參與了對母職是否具備益處的判定，並最終確認對她們而言，當媽媽並沒有好處。

透過本章對這些母親的訪談內容，我們可以清楚看見——如果她們能夠帶著現有的認知回到過去，她們會做出不同的選擇，而這正是構成「後悔」的一部分。然而，社會對「後悔」的不同詮釋也揭示了一個現象：女性或許難以接受自己有這樣的感受，因為社會普遍否定回顧過去並感到痛苦的行為，甚至將其視為對世界秩序的一種威脅。由於後悔在文化與心理層面都被視為有問題，因此，能夠選擇的選項寥寥無幾，甚至根本不存在。唯一可能的選擇，就是接受「總有一天會迎來圓滿結局」這種社會敘事，同時迴避「如果可以重來」和「但願可以回到過去」這類問題。

Chapter 4

活在「不該有」的感受裡

「我下午五點下班回家，卻一點力氣也沒有。我只想……不知道耶，坐下來看本書，或是發呆、盯著天花板想事情——但我做不到。這讓我很沮喪。而且這種情緒從下午兩點就開始了，因為我知道再過兩小時，我就要開始我今天的『第二輪工作』。那我該怎麼辦？我要怎麼撐過去？如果那天我媽沒來幫忙，我就得一個人帶著他——我是唯一得追著他跑的人，這讓我焦躁。一直以來都是這樣，天天如此。這些感受就是我每天的拉扯與煎熬。」

——茉莉（有一個介於一歲到五歲之間的孩子）

由於「後悔」這種情緒立場常被視為難以置信，甚至被懷疑是不正常或病態的，人們常會問：「為什麼？她們怎麼會後悔？」這樣的提問背後，往往有一個公開或隱含的假設——她們家裡一定發生了什麼災難，不然怎麼可能會後悔當媽媽？

但正如我們接下來會看到的，這種帶有偏見的懷疑其實毫無根據。這些女性的母職經驗並不特別，也不罕見，反而與全球母親們每天在書籍、社群平臺或私人部落格中所坦白分享的經歷非常接近。不同的只是，她們從這些經驗中，得出了另一種情緒結論：「成為母親，是個錯誤。」

曾經的我，現在的我

許多文化都認為「出生」與「死亡」是相連的，也常將女性的生育力與這兩種情境聯繫在一起。例如美國女性主義作家納奧米・吳爾芙（Naomi Wolf）曾經寫道，我們的祖先曾將孕婦視為「已經死亡的人」。女人懷孕時，他們會先為她挖好墳墓；如果她順利生產並倖存下來，他們才會把填進墳墓的沙土鏟回來。產後四十天，墳墓若沒有被使用，才會正式封起來，她才終於不在那裡。[1]

即使並非真正面對死亡，母職似乎仍象徵著一種「死亡」——舊有自我的終結，以及一個全新身分的誕生，那是一種與過往自我斷裂的身分：成為「**某人的媽媽**」。

法國後現代女性主義者露絲・伊利嘉蕾（Luce Irigaray）曾以詩意的筆觸描繪了「生育」與「象徵性死亡」之間的連結，儘管她是從女兒的角度出發，但她的話語深刻地表達了這種生命交替的經驗：「一人動，另一人就靜。但我們並不一同前行。當其中一人誕生，另一人便隱沒於地底。當一人懷著生命，另一人便死去。而我，母親，我想要的是：當妳賦予我生命的同時，妳仍舊活著。」[2]

許多女性都分享過這種「透過賦予生命而失去自身生命」的深刻感受：她們經歷了對原本身體感受與激情的失落、原有親密與非親密關係特質的轉變、過去時間感的終止、創造力的枯竭，甚至語言的流失。正如一位母親所說：「當我成為母親時，我人生第一次發現自己沒有語言，無法將內心的聲音轉化為任何他人能理解的語句。」[3]

而瑪雅是這麼說的：

瑪雅

有兩個孩子，一個介於一歲到五歲，一個介於五歲到十歲，受訪時懷著身孕。

瑪雅：我知道自己正在努力，也懂得欣賞自己的付出，但這一切正在吞噬我、耗盡我，讓我的身體、心靈和靈魂都感到疲憊。我已經沒有餘力去做其他任何事。過去我會寫作、雕刻、畫畫——我熱愛創作。但現在這些全都消失了；我什麼都沒有，因為我既沒有靈感，也沒有力氣。

如前所述，本書並未收錄所有的訪談內容，因為有些受訪女性雖然覺得母職極其艱難，但並不認為自己後悔當了母親。例如羅提，她並不將自己對母職的感受定義為「後悔」；然而她的說法與瑪雅的陳述如出一轍，有助於我們更深入理解「失去自我」這個經驗所承載的更廣泛意義：

羅提

有兩個介於五歲到十歲之間的孩子。

羅提：在生下我兩個女兒之後，我感覺自己完全無法實現自我。事實上，我是在有了孩子之後，才真正面對到作為一個女性的能力極限。就是這樣，我做不到了……什麼都不行了……這個世界已不再屬於我。我生命中有一塊非常重要的空間，我渴望擁有那些空間。在此之前，我從未感覺自己被困住、無法到達那些空間。即使只有一個孩子，我仍然可以做自己想做的事，但當我有了兩個女兒——不行了。那關閉了我的空間、我的視野、我的進展。我經歷了一種類似女性主義的頓悟。（中略）這個訊息真的很重要，妳一定要傳達出來……我也曾寫過，我真的很高興有人願意寫這份研究、願意替我們發聲。對我來說已經無所謂了，我已經有兩個孩子，但我希望我的女兒們將來有選擇的權利。

我用一種非常廣義、非常女性主義的角度來說：一個女人一旦生了孩子，她所放棄的東西遠比男人多。而當她做出這個決定時，她應該把這些納入考量。（中略）我以前從來沒有這麼女性主義，但成為父母改變了一切。忽然之間我明白，我們必須成為女性主義者。在那之前，我總是覺得「有什麼大不了的？根本沒什麼問題啊！我想做什麼就做什麼。」（中略）真的，想做什麼都行。當我意識到這一切已經消失時……我知道，女性必須堅守立場，因為我們所生活的文化體系正在踐踏我們，它不允許我們成為我們想成為的人。這不對。一旦妳成為母親，就不能再隨心所欲地生活。我們必須從內心建立一套保護自己的系統。

瑪雅和羅提，以及其他受訪女性，都表達了一種相似的感受——她們形容自己像是「正在消失、漸漸褪色」，「努力想從虛無中創造點什麼」，甚至覺得「自己被徹底抹去了」。她們回憶自己成為母親之前，反而更滿足、更完整。

這樣的自我感知，與主流社會的想像形成對比——社會普遍認為「非母親」是不完整、不滿足的，是等待被「母職」填滿的空殼；而一旦成為母親，就會誕生出一個女人最接近「完整」狀態的版本。但對這些女性來說，**成為母親反而讓她們變得不完整**，讓她們懷念起過去那個更充實、更滿意的自己。換句話說，社會所描繪的是從「匱乏」走向「完整」的過程，而她們經歷的卻是從「充實」走向「被掏空」。

這種「反向的轉變」也體現在她們對於成為母親前後「性別認同」的轉變上。在過去，她們可能並不強烈地意識到「身為女性」所帶來的限制，彷彿自己可以自在地在世界中穿梭、探索。但成為母親之後，反而讓她們意識到自己被牢牢地困在一個社會對「女人」的期待中。她們變成了文化想像中的「女性原型」——有限、受困、需要犧牲的母親，也因此感受到自我受傷、受限。

母職經驗讓她們深刻體會到，被社會推崇的那種「理想女性樣貌」其實是一種束縛，一種性別的陷阱，一旦掉入其中，就無法逃脫。[4]

母職經驗，一方面可能讓女性感受到多重層面的失落，彷彿自己重要的一部分被切割、剝離了；但另一方面，它也可能帶來某種形式的「重生」，只是這種重生往往是帶有侵犯性的——母職常常會重新喚起那些早已被塵封多年的痛苦記憶，而且這些記憶之所以被埋藏，並不是沒有原因的。對某些人來說，成為母親的過程就像是讓過去的傷痛再次復甦，也因此帶來另一種失去——失去了「遺忘」的能力。

瑪雅

有兩個孩子，一個介於一歲到五歲，一個介於五歲到十歲，受訪時懷著身孕。

瑪雅：我看著我的女兒，她長得跟我很像：皮膚黝黑、頭髮捲捲的——這種外貌在我們這裡並不常見。我心裡想：「天啊！我又再經歷一次了。我又要重新走過那一切了。」我記得我小時候，總是夢想快點長到三十歲：「我想趕快長大，想結束童年、青春期這些鬼東西，變成一個穩定的大人。」結果我現在三十歲了，卻又再走一次那條路。她（我女兒）開始

> 上學了，我開始焦慮：她會被接納嗎？她融得進去嗎？她會像我一樣痛苦嗎？這些念頭折磨我……真的要了我的命。
>
> 妳知道那種心碎的感覺嗎？有一天我陪我三歲的女兒一起泡澡，她突然對我說：「媽媽，這個洗不掉。」她指著手掌內側說：「這邊妳洗得很乾淨」，然後指著手背說：「這邊太黑了。」還一邊搓它。接下來的兩個禮拜我整個人垮了，完全不知道該怎麼辦，也不知道該怎麼跟她相處。小時候所有的焦慮又全都浮上來了。……重新經歷我那段噁心的童年，對我來說，真的是另一個讓我無法好受的原因。

孩子通常被視為父母記憶的承載者——他們承襲傳統、民間故事、價值觀、基因、性格、天賦、潛能與外貌。這種延續自身特質的渴望在社會中被普遍視為理所當然，甚至值得稱許。

然而，瑪雅指出，這樣的延續也有另一面：它可能成為對過往創傷的延續——那些烙印在皮膚上的種族歧視、恐同與貧窮經驗。來自社會邊緣群體的女性往往承受更深的壓迫，而她們的母職，有時反而成為一座活的紀念碑——延續了社會所加諸的艱難與不公，她們被迫在敵意與歧視的社會秩序中，為孩子打造一個安全的庇護所。[5]

瑪雅在訪談中描述，自己從小就活在對深色肌膚的種族歧視中，她一生都在抵抗這樣的社會觀感，而現在，她不得不再一次面對這樣的現實，只是這次是為了保護她的女兒。對她而言，女兒成了不斷提醒她社會不公的化身——那些她以為已經過去的事，一次又一次入侵她的現在。她所不願回顧的那個「曾經的自己」隨著成為母親再次被喚醒，這樣的記憶重啟，是她痛苦的來源之一，而不是生命延續的喜悅，更無法以「重返童年」的母職神話來粉飾。

對某些女性而言，成為母親不但開啟人生的新篇章，也讓那些原初的社會結構變得更加鮮明，甚至凸顯出根深蒂固的創傷輪廓——這些創傷，是被壓迫秩序隱形卻有效的情緒殘餘，如幽靈般潛伏在身體與意識之中，對自我構成持續性的威脅。[6]

因此，對許多女性來說，那些充滿不公與苦難的過去，不可能輕易地從人生之書中撕下、鎖進房間的角落。相反地，像瑪雅這樣的女性，必須不斷重新經歷她曾以為早已結束的痛苦。過去，從未真正過去。

母職中的創傷經驗

在多場訪談中，有一個同樣重要的議題浮現出來：母職不僅可能讓原本就存在的創傷輪廓更加清晰，母職本身也可能是一種創傷性的經驗。這種創傷深深烙印在身體裡，甚至可能讓身體長期處於痛苦與壓力之中。

蘇菲雅

有兩個介於一歲到五歲之間的孩子。

蘇菲雅：妳知道嗎，我對小孩沒有那種街上很多人展現出來的愛心。每次看到嬰兒我都會很焦慮。我也會像大家一樣表現得溫馨甜蜜，但其實內心不是這樣……不是說我覺得他們不可愛，而是我會害怕。那會讓我想起自己生小孩的創傷，我會害怕那種經驗會「傳染」，害怕自己會再懷一次孕。

（中略）……我會去看一個叫「不想生小孩的女人」的論壇，想從中得到安慰，也讓自己的感受獲得肯定。因為我真的很害怕。害怕什麼？我當初想要孩子的時候，其實不是什麼理性的選擇，是一種情緒上、甚至是子宮驅動的衝動。我很怕會再發生一次，我怕我的子宮又會甦醒，讓我突然覺得再生一個孩子好像也不錯。我很害怕那種時候我會完全不理性，所以我會努力提醒自己，那段經驗到底有多辛苦、多糟。我很怕自己會忘記。我慶幸自己還保有那段創傷——因為它保護我，不會再去生第二個孩子。

桑妮

有四個孩子，兩個介於十歲到十五歲，兩個介於十五歲到二十歲。

我：妳談到那些失眠的夜晚，當時妳最小的孩子已經七歲，這是什麼意思呢？

桑妮：我真的有創傷後壓力症候群，說真的。只要小孩在半夜醒來，我就又重新經歷一遍，一切都重來。我覺得我應該去做心理治療（笑）。

（中略）我以前有接受過親職諮詢，也對心理師非常坦誠，但說實話，那沒有太大幫助，因為能怎麼樣呢？那段經歷我已經走過了，它已經留下傷痕。不管說多少話、做多少溝通，都無法彌補我經歷的巨大失落，而我到現在都還在承受。沒有任何東西可以補償那些。我覺得就像有人被恐怖分子綁架，天啊，放回來之後你叫他談談，他說幾句話，這樣就有用了嗎？這樣能讓他回到原來的生活嗎？那些被奪走的東西還能回來嗎？不可能。什麼也改變不了。這就像是一個失去手臂的人去接受心理治療，但那不會讓他手臂長回來。對我來說，我失去的不是手，而是好幾年的生命，好幾年充滿痛苦的歲月。（中略）一個人，無論是男人或女人，當他失去了自己的人生，變成一個活著的死人，走來走去卻無法逃出那個困住他的地方，那真的很痛苦。這是悲劇。但大家卻裝作這只是一場好玩的挑戰。太可怕了。

對這些女性來說，成為母親是一件在她們生命中留下永久傷痕的事件。桑妮明白她永遠無法忘記這段經歷，這段失落像一道烙印在她身上的疤痕，永遠無法被撫平，因為母職已徹底傷害了她；而蘇菲雅則希望這道疤永遠存在，提醒自己那是一場絕不想重蹈的創傷經驗，必須牢牢記住、不能遺忘。

有許多證詞都指出，母職可能對女性的身心健康造成威脅——包括疾病、憂鬱、極度疲憊、情緒崩潰、身體創傷，甚至社會地位的下降，這些影響往往持續多年。然而，儘管這些現象早已被大量研究揭露並持續增加，我們仍無法動搖一個根深蒂固的迷思：母職，即便一開始是個危機，最終還是會走向「適應」與「幸福結局」。

造成這種錯誤想像的原因之一是，我們普遍將「創傷」侷限在某些特定的重大事件上，比如天災、車禍、疾病、搶劫、戰爭，或某種「特定形式」的強暴*——這些通常被視為負面甚至不道德或犯罪的經歷，因此我們理所當然認為它們會對人造成長期傷害。

但相對地，「母職」卻從未被看作可能引發長期創傷的事件——不論是喚起舊創傷、面對像種族歧視、性別歧視、恐同、貧窮等長期壓迫造成的傷痛，還是母職本身就帶來困難。人們頂多接受「母職初期的困境會隨時間改善」，卻很少承認：母職本身就可能是創傷來源。因此，母職不僅被排除在「人類可能會後悔的經驗」之外，也被排除在「人類可能會創傷的經驗」之外。

這些年來，越來越多的研究與經驗指出：社會總將「成為母親」浪漫化為一種新生命的誕生，不只對孩子，對女性本身也意味著「重生」。但事實是，母職反而可能是一種耗損與消融的狀態。正如納奧米・吳爾芙在她的著作中所寫，「儘管一個孩子與一段新的愛誕生了，但我聽到的一些新手母親身上，某些東西卻同時死去了，而這段經驗之所以更為艱難，是因為在她們對嬰兒的喜悅底下，某個層面上，她們也在默

＊所謂「特定形式的強暴」，指的是像陌生人性侵這種通常會被社會普遍視為嚴重罪行、不道德且不可接受的情況；但像「約會強暴」這類案件，卻常被當作具爭議性，時常引發大眾討論，質疑女性是否應該為加害者的行為負責。

默哀悼過去的自己。」[7]

納奧米・吳爾芙的書中描述了許多剛生完第一胎的美國媽媽們，她們在對寶寶充滿喜悅的同時，也默默為自己失去的一部分哀悼；但在本研究中的女性們，那種「毀滅」的感受不只是母職的副作用，而是母職本身的核心。即使已育有兩、三個孩子，甚至事隔多年，她們哀悼的，不只是失去了什麼，而是那些失去——毫無意義與價值。對她們來說，這些毫無意義的犧牲，是她們對母職感到後悔的主因——即使她們非常愛自己的孩子。

母愛的羈絆與枷鎖

「我想我天生就沒有當媽媽的基因。當然，我愛我的孩子，但坦白講：我從一開始就不知道該怎麼面對這些他們。」[8]——來自一位有三個孩子的母親。

在過去並不總是如此，但在我們當下所處的時代，「母親」被期待要以某種特定方式去愛孩子，才能被視為合格的養育者和有道德的人。雖然父親對孩子的愛當然也受到歡迎與讚賞，但大多仍被視為錦上添花，是在他們「主要身分」──養家者──之外的額外加分。

這種性別化的情感分工，普遍對母親造成極大壓力，對那些後悔成為母親的女性來說更是如此。甚至可以說，她們反而更得努力強調自己對孩子的愛，必須再三表明。

而事實上，正如我在訪談中觀察到的，大多數受訪母親都明確區分了「對孩子的愛」與「當母親的經驗」。這樣的區分也指出了她們後悔的方向──她們並不是不愛孩子，而是痛恨作為母親的角色與處境。

多琳

有三個介於五歲到十歲之間的孩子。

茉莉

多琳：當妳家裡出現一個小生命，然後他就這樣跟妳一起長大——妳會開始產生依附感，這是無法避免的。這已經超出理性可以理解的範疇了，是某種非常原始的東西。有段時間我甚至覺得自己像在演《國家地理頻道》的紀錄片。因為……尤其是前幾年，真的就像動物本能一樣，特別是哺乳，那真的會產生某種作用，它真的會。這是一種愛，是依附感，是那種你不希望他們受到任何傷害的情感。但另一方面，這整件事對我來說卻又很不自在。

（中略）現在，每當我說出像「後悔當媽媽」這種話時，內心的情緒馬上會浮現——妳可以叫它良知或意識吧——它馬上跳出來反駁說：等等，妳明明很愛他們，那妳怎麼可能捨得放棄他們？但我會放棄。只是……要這樣說出口真的很混亂，很矛盾。

有一個介於一歲到五歲之間的孩子。

茉莉：我記得有一次我和我媽談話時，我跟她說：「媽，我愛他。但我就是不喜歡當媽媽。」（中略）他為我帶來快樂，這一點我不能否認。但撇開這些不談，我可以很坦白地說，我不喜歡當家長。有時候我甚至討厭這個角色，討厭到感到極度沮喪的程度。

母親們之所以強調自己愛孩子，不僅是因為她們生活在一個「需要聽到」這句話的社會裡，也因為她們知道，後悔成為母親被視為嚴重違反母職情緒規範的行為，因此她們必須向他人保證，她們的情感世界並非全然「有缺陷」。這種保證的需求，並不代表她們表達的愛不真實，也不表示我們應該質疑這份愛的真誠性，而是說：任何情感立場及其表述，總是必須放在社會脈絡中來理解。[9]

歷史研究對於「父母之愛」這個觀念——特別是母愛——是否普世存在，始終存在爭議：一派認為母愛絕非與生俱來，也並非歷史上始終如一的情感，它是一種現代西方的產物，與核心家庭制度的興起、「公共」與「私人」領域的區分、人口結構的轉變與嬰兒死亡率的降低有關。[10]

但另一派則主張，早在聖經與中古時期的資料中，就已有父母愛子女的證據，因此「情感演化論」的說法並不可信，尤其是母愛，這種愛來自於懷孕、生產、撫育等生理與情感連結，自古即有。[11]

儘管關於母愛起源的爭議仍在持續，十九世紀之後，西方社會對母愛的看法確實出現轉變。這場轉變使母愛成為一種被結構化、制度化的情感形式，並比以往更加受到監管與社會注視，成為一個載體，承載著社會、文化、政治與經濟意識形態。[12]

這個變化類似於浪漫愛的歷史變化——愛從一種難以言喻的私人經驗，被組織為具體明確、可言說的情感結構，並與「女性特質」連結在一起。母愛亦然，它既被社會力量塑造，也被用來鞏固這些社會結構，用來約束、規訓女性。

因此，許多研究者指出，母愛這個概念本身已成為一種壓迫形式，它強加給母親一套特定的要求，規定她們必須對孩子表現出無條件的愛，這種愛不能太含糊不清，也不能過度籠統，而是要以「良善、道德母親」的樣貌被明確展現。相反地，若無法明示這樣的愛，就會被視為不道德、缺乏女性氣質、有缺陷，甚至不配為人母——彷佛母愛天生就該存在，不過就是一種生物本能。

這樣來看，「後悔當媽媽」會被視為母愛缺席的證據，正如多琳所說：「大家都會立刻假設，如果妳不想要孩子，或妳本來不想但最後還是生了，那妳一定不愛他們。」在這種認知下，母愛與後悔被視為水火不容，兩者無法共存：若妳有愛，那就不可能後悔；若妳後悔，那就代表你不愛。當一位母親說出「我愛我的孩子，但我後悔當媽媽」時，社會往往會認為這根本不可能，因為如何能在愛孩子的同時，還想抹去成為母親的歷史？

但類似的話若出現在戀愛關係中，例如「我還是愛他，但我後悔曾認識他」，卻往往不會被認為是莫名其妙或站不住腳的說法。換句話說，正是母職的神聖性，使人們無法接受有人可以在愛之中同時感受到後悔，無法接受一段愛與其帶來的現實後果是兩回事。

將這種「非黑即白」的觀念內化，可能會讓母親們傾向以務實的方式強調自己對孩子確實懷有母愛。透過這種方式，藉由強調對孩子的愛作為核心，母親們便能讓孩子從這段「後悔」的敘事中脫身，從而在個人層面和公眾眼中，降低自己所犯「逾矩之舉」的嚴重性。如果「愛」被視為可敬的女性氣質的象徵，以及母職特質的一部分，被敘述為觸動他人、被他人觸動的能力，[13]那麼將後悔的對象聚焦在「母職」而非「孩子」，就可能讓母親們重新主張自己的兩項權利：一是作為道德女性的權利，二是作為一個人（完整的人）的權利。

此外，這些母親一再堅持自己「對孩子的愛與後悔的情緒同時存在」，也說明社會用來組織我們內心世界的二元邏輯其實站不住腳。在愛與後悔之間的二分法之下——這種劃分最初是由社會強加給母親，後來也被她們自己所使用——潛藏著另一種敘事：一種融合、整合、連續性的主觀經驗。在這樣的經驗中，母親們並未因為後悔而被迫割捨某部分的情感，她們試圖保留並呈現自身情感的全部樣貌。

照顧孩子的義務

人們不但將「後悔」解讀為缺乏母愛，更進一步將其與對孩子造成實質傷害的行為連結在一起，因為大眾往往會將「後悔」與冷漠、敵意、忽視甚至暴力劃上等號。

蘇西

有兩個介於十五歲到二十歲之間的孩子。

蘇西：我曾接受社工與老師的親職諮詢，我們談到了這件事……我告訴他們，其實他們早就聽過我的想法，但還是每次都充滿震驚，他們說：「如果我們不認識妳的話，我們會帶走妳的孩子；如果我們不認識妳，我們會說妳的孩子們太不幸了。」（中略）這太惱人了。所以我說——正好相反，正因為我敢說出這些話，是因為我站在一個有力量的位置。我並沒有忽視我女兒的需要。

類似的解讀也出現在其他後悔成為母親的女性身上：

「我太天真了，當我把這件事告訴幼兒發展中心的護理師時，她竟然派了一名社工來威脅要把我的孩子帶走，並強迫我接受為期六個月的觀察，理由是『要評估妳的教養能力』。所以像這樣的研究真的很重要，它能替我們發聲，讓女性可以表達她們的負面想法和情緒（中略）而不會被剝奪正當性或被妖魔化。」

甚至有些人會被指控意圖殺人：

「這太可怕了。大家會認為後悔是一種不願對孩子生命負責的正當化理由……是一種正當化讓人可以把孩子淹死在浴缸或大海裡的藉口。」14

由此可見，那些後悔當媽媽的女性不僅被期待要證明自己「愛孩子」，還必須證明自己對孩子及其福祉的投入（畢竟，愛一個人和實際照顧一個人並不完全是同一回事）；她們還得證明，自己並沒有因為對母職的情感立場，而對孩子造成傷害或虐待。*

關於對孩子以及他人展現出奉獻與責任的觀念，可見於凱洛・吉利根（Carol Gilligan）關於「關懷倫理」（Ethic of Care）的論述。根據吉利根的說法，這是一種建立在人與人之間關係網絡上的倫理觀，是一種女性化的付出，反映出對他者的道德責任——這種責任體現在持續的投入、關懷、適應與對他人需求的敏銳察覺，甚至有時會犧牲女性自身的需求與感受。15

在本研究的訪談中，這種關懷倫理的構成內容被反覆提及與討論。然而，儘管有些女性認為成為母親讓她們得以實踐關懷倫理，並因此認同自己是有愛心、能照顧他人的人、是女人與母親；參與本研究的多位母親卻以各種方式表示：她們是「不得不」承擔起這份責任與奉獻，因為孩子已經來到這個世界。這種責任感，有時甚至被她們形容為荒謬的存在。

＊在本研究中，有三位女性提到自己曾在個別情況下對孩子施加過暴力。其中兩位表示，她們後來接受了專業協助，之後再也沒有發生類似行為。我在此提出這點，並不是因為本研究的主題特別需要探討暴力行為，而是因為任何對兒童的暴力都應被正視。然而，家長對孩子施暴的統計數據——這些數據本身可能仍低估了實際發生的情況——相較之下，對於「後悔成為父母」這樣的情緒反應，社會卻往往視為極端、個別且異常的案例。這應該提醒我們：沒有必要急於對「後悔當媽媽」的情緒做出過度解讀或誤判，特別是那種與事實不符的偏見。

歐德拉

有一個介於一歲到五歲之間的孩子。

歐德拉：我愛他，我也是個非常非常有責任感的家長，我是那種歇斯底里的媽媽，甚至還在為探視權奮鬥，因為我覺得他爺爺家不安全——所以我得去爭取。這真的很荒謬，因為這應該是反過來才對（笑）。

我：孩子的爸爸那邊呢？

歐德拉：我們的探視協議是每週一次過夜。他爸爸下午三點來接，隔天早上才送回來。就像我說的，我現在正試圖阻止孩子在那裡過夜。所以現在探視的時間其實很短。真的很荒謬，完全荒謬。

我：妳覺得荒謬，是因為妳正在為一件妳其實不想要的事而努力嗎？

歐德拉：我其實是想的，我真的想。因為我還是希望這個孩子能健康長大，用我相信對他最好的方式成長。這是沒辦法的事，是我把他帶來這個世界的——那就是我的責任，我必須照顧他。既然我把他生下來，就得承擔起那麼多責任——而我也沒打算推卸。我是真的想盡我的最大能力照顧他，至少按照我自己的標準。雖然這樣做的代價很大，這點毫無疑問。

蘇菲雅

有兩個介於一歲到五歲之間的孩子。

蘇菲雅：儘管我跟妳說了這麼多氣話，還有那些情緒，但我從來不是那種不管孩子的媽媽。我一直都很有責任感，盡我所能地照顧他們。真的，他們當時需要很多照顧，我雖然很痛苦、時常哭泣，但我還是做到了。（中略）我真的覺得自己是一個好媽媽，雖然這樣講有點不好意思。我是那種會把孩子放在心上、真的很愛他們的媽媽。我會看教養的書、接受專業諮詢，我很努力想要教好他們、給他們足夠的愛和關懷。孩子也很愛我，他們過得開心，生活也很穩定。我的教養方式是正確的，雖然一開始很艱難，但我是一個稱職的母親。（中略）只是說出來真的很荒謬，因為——我不想要他們，我真的一點都不想要。但他們已經來到這個世界上、已經在這裡了。

桑妮

有四個孩子，兩個介於五歲到十歲，兩個介於十歲到十五歲之間。

我：妳覺得妳的後悔有表現在行動上嗎？

桑妮：有可能，但是相反的方式。越是有這樣的感受，我反而越對他們付出。這不是補償，而是……對我來說，最重要的是把我的過去轉化成對他們來說好的經驗。我很清楚，我現在的感受是來自於我的過去和現在，但我不希望這些感受影響到他們。我不希望他們承受這份重量。妳看，每個人都有童年的包袱……但我不希望他們以任何形式接觸到那些。我希望他們是快樂的。只要他們快樂，我就能安心。這對我來說是一種釋懷，彷彿替我那個艱難的童年畫下句點。

我有一個劃分：一邊是我這個人，另一邊是我作為母親的角色。這是兩個不同的存在。他們絕對不能因為這些受傷。我有時候試著傾聽自己的聲音，會覺得這聽起來好像有點矛盾，也許吧，我不知道。我體內像住著兩個女人，但我不希望他們（孩子們）因此受苦。他們不是造成我經歷的人，不該為此承擔任何代價。他們應該跟所有孩子一樣快樂。

願意坦承自己「其實不想當任何人的媽媽」的女性，往往承受著雙重責任：一方面，她們背負著來自個人與社會的期待——母親理當細心照料孩子、全心投入；另一方面，她們還得承擔一種「是我選擇生下孩子」的責任。

這樣的雙重責任，若和她們內心「其實不想當媽媽」的願望互相衝突，就可能產生一種撕裂的存在感與身分掙扎。正如桑妮先前所說的，也如多琳補充的：「就像是兩個人。有時候我覺得自己像得了精神分裂症一樣。」

也因此，許多母親可能會發現自己的人生逐漸被推向邊緣——因為她們總是被期待把他人的需求擺在自己之上，甚至必須抹除自己的感受與渴望。而對於那些後悔成為母親的女性而言，這份照顧與責任感往往不減反增，因為她們「**正因為後悔**」，更不願讓這份後悔傷害到孩子。這讓她們身處一種持續的掙扎與壓力之中。

當媽媽這件事，沒有盡頭

「為了我自己著想，我會希望我的孩子不要結婚生子，因為這讓我害怕。我不希望這件事出現在我的人生當中。如果我有孫子，我就會再次被迫去做那些我不想做的事情。（中略）那只會成為我的包袱。」——絲凱，有三個孩子，兩個介於十五歲到二十歲，一個介於二十歲到二十五歲之間。

如今這個時代，許多母親都深度參與各種育兒工作：餵奶、換尿布、哄孩子睡覺、叫孩子起床、帶他們到托兒所或學校、煮飯餵食、幫孩子穿衣服、協助孩子寫作業、教育他們、帶他們去上才藝課、去游泳池、去海灘、去遊樂場、參加學校的各種活動和會議、照料生病的孩子等等。這些事情，或至少其中一部分事情，幾乎構成了多數女性的日常生活安排。其背後因素是根據特定社會階層和文化的理解，認為這些活動符合孩子「應有的需求」，以確保孩子長大時能夠更有優勢。

而有些媽媽在進行這些事情時感到非常辛苦、壓力很大：

海倫

有兩個十五歲到二十歲之間的孩子。

海倫：我一開始就親餵母乳、給寶寶洗第一次澡，這些事情我都做了，也不是說我害怕什麼。一切都很順利，我們也不需要別人幫忙。但另一方面，像是帶孩子去散步、去公園——有時候我真的覺得難以忍受。我在生理上就是無法做到。我真的沒辦法做到。到了週六，他（伴侶）起床帶孩子出去，對他來說完全沒問題。但輪到我帶孩子去公園——那真的是一件我生理上無法承受的事情。（說到這裡用力敲桌子）

歐德拉

有一個介於一歲到五歲之間的孩子。

歐德拉：在頭兩年裡，我幾乎都是按表操課：換尿布、清潔、整理、送小孩去幼兒園、再去接回來。我會記得擁抱他、親他，也會努力提供我認為他需要的一切。那段時間對我來說真的非常辛苦。後來我去找了心理師，才慢慢跟我的母職產生了連結，那是完全不同的感受，我也開始能夠對自己說：「好，這就是我可以給的，這樣就夠了。」但說到底，我真的不喜歡那個年紀的育兒經驗。我做大部分的事都是出於責任感，而非享受其中。我盡量避免那些讓自己痛苦的事——例如帶孩子去公園（笑），我不做那些事。我頂多會帶他一起去咖啡廳，但即使那樣也不見得是開心的。（中略）當時的我專注在「技術層面」的照顧，好像整個人沒有真正投入情感。那些行為就只是行為而已，沒有心。坦白說，我拿個洋娃娃來照顧，可能也沒什麼兩樣。基本上就是這種感覺。

有比我們想像中更多的媽媽，其實都曾經歷這樣的辛苦，就算她們從未表達過「後悔當媽媽」的感受也是如此。而讓人稍微感到寬慰的，或許是這些辛苦「看起來」是有時間限制的——換句話說，人們相信總有一天孩子會「長大獨立」、能夠自己照顧自己，照顧的任務也就會結束。

然而，現代的情況似乎並非如此。對孩子的責任感、掛念和牽掛，並不會隨著那些具體的育兒行為（例如餵奶、接送等）結束而真正消失。很多母親都有這樣的體悟——她們的「母職意識」永遠都在，從不休息、沒有下班時間。就像茉莉所說的：「另一半如果出國，妳至少還會有點自由；但小孩不一樣，無論如何，心裡總是掛著他。」對於一些女性而言，「母職」這件事彷彿從來沒有停止過、也沒有實際的界線或範圍。就算身體離開了孩子，這種感覺還是會存在：她可能正在度假、可能因故入獄、可能為了家庭移民到遠方、可能孩子已經長大獨立、甚至住在街對面或遠在海外，也可能是她已經把孩子送養了，又或者是她經歷了喪子之痛。但這種連結依然存在。如同那句老話：「一日為母，終身為母」。那條連接母體與胎兒的臍帶，早已轉化為一種象徵——母親與孩子之間的情感連結，遠遠超越了子宮的物理位置。[16]

蘇菲雅

有兩個介於一歲到五歲之間的孩子。

蘇菲雅：即使……老天保佑千萬不要這樣……即使他們死了，他們仍然會永遠與我連結在一起。對他們的哀悼、對他們的記憶，還有那份痛苦，都會是難以承受的。如果現在失去他們，我當然會感到某種程度的解脫，但那種痛苦一定會遠超過解脫帶來的輕鬆。因為他們已經存在於這個世界，我也無能為力。（中略）我沒有辦法，他們就在這裡，即使他們不在了，他們還是像一塊壓在我心上的磨石。就是這樣，這就是問題所在。這也是為什麼我會建議別生小孩（笑）。（中略）無論如何都一樣，我老公問我：「如果我們有一百萬美元和一個保母會不會好一點？」但這不是重點。你是父母，身為父母，責任就是你的。所有的責任、所有的痛苦，都是你要承擔的。我以前不懂，我原以為我會有很多幫助，原以為我會從中得到快樂，我會喜歡那個寶寶。

卡梅爾

有一個介於十五歲到二十歲之間的孩子。

卡梅爾：我是個非常棒的媽媽，這點我隨時都可以證明。我為此付出了非常高昂的代價，而且我知道，這代價會是一輩子的：擔憂、心痛。而不是什麼「他會不會從腳踏車上摔下來、會不會被車撞到」那種小事，那些根本不算什麼。我也會擔心，但不多。我說的是層次更高的心痛。這些隨著孩子年齡改變——他小時候有人際問題，那真的讓我快崩潰了。當他和其他小朋友處不來，沒朋友，一個人孤單的時候，那些狀況幾乎讓我整個人都崩潰、瓦解了。那種痛，像是把我一點一點地吞噬掉。現在我開始擔心他長大後會變成什麼樣的人。那不只是普通的擔心，我稱那種感覺為「存在性的焦慮」。心痛、焦慮、擔憂——這些，都是我必須承受的。

納奧米

有兩個介於四十歲到五十歲之間的孩子，已經當上祖母。

納奧米：有件事對我來說真的非常困難，那就是我對孩子的責任感——即便他們已經長大成人了。那種感覺就是甩不掉（笑）。真的很折磨人。很折磨人。而現在，我對我的孫子們也感到一份責任，或許不像對孩子那麼強烈，畢竟他們有自己的父母，但那種責任感仍然存在。它不會讓妳有片刻安寧。

巴莉在訪談中提到她本身有神經系統方面的障礙，她不只談到像是時間這類的資源，還提到了自己的身體資源，以及那種需要無時無刻保持注意、關注孩子的狀態：

巴莉

有一個一歲到五歲之間的孩子。

我：妳剛剛說，有些時候妳人在她身邊，心卻沒有真正在她身上，這段時間妳可以做一些自己喜歡或想做的事。那在這種情況下，妳覺得最困難的是什麼？

巴莉：這是個重擔，很容易讓人失去耐心，一切都跟她的日程安排有關，而且這一切總像背景音一樣存在著。妳會聽到聲音、感覺到責任，而且沒辦法不去想到這些，這種情況還是二十四小時全天候，事實就是我根本沒辦法自由地去做我想做的事。時間非常有限，我的資源也很有限，我必須省下我的力氣，我需要花上很多力氣才能陪著她，而且我根本什麼事情都做不了。

因此，無論是獨自撫養孩子、與伴侶共同扶養，或是孩子主要由父親照顧——許多母親即便在孩子早已過了生理上的嬰幼兒時期之後，仍在心理上持續「象徵性地餵養」孩子、為他們操心與照顧。

這種被綁住的主觀感受，正是當代「高要求母職」模式所帶來的種種結果之一。根據這個模式，母親的意識必須時時刻刻被母職所占據，不論她與孩子實際相處的情境為何，否則她就會被認為是個「壞媽媽」。但這種「綁住」也反映出女性對自我在時間與他人關係中的更廣泛理解：一般來說，是女性更多地承擔了所謂的「照顧時間」，這種時間不同於「鐘錶時間」，因為它往往沒有明確的開始與結束，而是被編織進其他日常活動中，成為她們隨身攜帶的、需要持續關注、耐心與回應的責任與牽掛。在這樣的節奏裡，並不是鐘錶而是被照顧者的需求決定了什麼時候該做什麼，如何做、做到什麼程度。這是一種無法被量化或預估的時間，因為它往往與其他任務交錯發生。[17]

正因如此，母職成了一個「永無止境的故事」，那條連結著母親與孩子的象徵性臍帶，也成了纏繞在她們頸上的束縛。對這些女性而言，那條無形的臍帶剝奪了她們自由移動的能力，讓她們無法抽離、無法離開，也難以感受到自己是真正的主人——

即使她們已身為祖母。

雖然研究文獻與大眾媒體中常可見母親如何努力在照顧孩子的同時「不忘自己」，本研究中的許多受訪者卻描述，這樣的掙扎已難以承受，甚至讓她們渴望能從頭抹去母親的身分。

基於上述對母親「意識狀態」的討論，我們或許可以進一步問：那麼，在這段無止盡的母職敘事中，配偶或父親的角色是什麼？他們又是如何被納入或排除這段故事的？

爸爸去哪裡了？

在本研究中，大多數受訪者都提到了自己孩子的父親，但對許多人而言，這是一段「缺席」的故事。雖然實質上的哺乳只能由女性身體完成，但象徵性的「哺乳」——也就是持續的關愛、照顧與情感支持——並非男性不能參與，然而這些父親卻往往缺席其中。

艾莉卡

有四個三十歲到四十歲之間的孩子，已經當上祖母。

艾莉卡：我照顧孩子的過程中，沒有一天是輕鬆的，一天也沒有。四個孩子要上學，四個孩子有著不同的性格、不同的需求，而我在不停滿足他們需求的過程中迷失了自己。我先生除了把薪水帶回家，對這個家完全沒有任何貢獻。他認為他的工作就是賺錢養家——他確實做到了這點。但他頂多早上對孩子們說聲「早安」，有時候連「晚安」都省了，直到我鬧起來，他才開始「做樣子」，中間抽空回家看看，然後改成晚上工作，這一切都是犧牲我的時間，而不是犧牲孩子的時間。（中略）他就像空氣一樣。他出去賺錢，然後什麼都不做。我多希望一切可以不一樣。如果真的不一樣，我們今天可能就不會坐在這裡談這些了。我真的希望事情不是這樣的。

蘇西

有兩個介於十五歲到二十歲之間的孩子。

蘇西：我常常笑著對那些自豪自己也有「參與」家務的男性老闆或高階主管說：「你們最後一次注意家裡是不是沒有衛生紙、或牙膏快用完，是什麼時候？」（中略）小孩在他們爸爸那邊的時候，我還是會擔心、會問他們在做什麼，我從他們那裡聽到的事都讓我無語。他們爸爸下班回家，就開心地和女朋友看電視、吃晚餐——哪管孩子怎樣？而我只能在自己家裡對著他大吼：「你都說你要負責了——那至少也該出現一下吧！」

布蘭達

有三個介於二十歲到二十五歲之間的孩子。

布蘭達：我獨自一人撫養孩子，因為他們的父親對我們漠不關心、沒參與教養，甚至沒有給我們錢。（中略）每次他說要帶孩子，我都等不及那天的到來，儘管他通常兩個星期才勉強在星期五帶一次。孩子一走，天知道我會怎麼祈禱這個週末能持續一整個月，好讓我能真正一個人靜一靜、補回自己的時間。他開始威脅我說要爭取孩子的監護權，結果當我回他「好啊，我不介意讓你帶孩子，我週末再接手」時，他還嚇了一跳。我自己也得長時間在外工作，因為我是唯一的經濟來源，如果我有錢，我早就請人下午幫忙帶孩子，這樣我就能去辦事、透透氣。我真的不懂那些不願意和前夫共同撫養孩子的女人，我是說離婚的女性。在我看來，離婚最好的結果就是他能成為一個好爸爸、經常帶小孩，這樣媽媽就可以真正有自己的時間。這種忙亂的生活，真的需要一點喘息空間。

有時候，父職雖然「存在」，卻彷彿是空的——也就是說，父親在場，卻又不在場。許多母親在這樣一種「母親—孩子」排他性雙人結構中難以應對，而這種父親的缺席與否，往往取決於「誰擁有時間」這件事背後的性別認同想像。能否「暫停」、「抽身」，往往不是能力問題，而是社會對時間的性別分配與認定所致。[18]以「生理哺乳」來說，父親可以理所當然地「消失」在夜晚，繼續睡覺，讓女性起身餵奶；而當這種生理上的角色豁免逐漸延伸，就變成了對所謂「第二輪班」的長期免責——也就是下班後回到家所承擔的家務、接送孩子上課、做飯、輔導作業等責任；甚至還包含「第三輪班」——指的是情感勞動，比如修補第一輪（職場工作）與第二輪（家庭責任）之間帶來的各種衝突與傷害。[19]

總體來說，父親比較容易「請假」，好像時間是屬於他們的資產；而母親就不行。這項研究中的多數母親——無論是已婚、離婚或分居，也無論她們是在外工作領薪水，還是在家中無酬勞動——都指出：育兒的重擔主要落在她們身上，而父親則總是能「開小門」、逃開時間與空間的責任。就像其中一位受訪者說的：「父親感受到帶孩子的累，但社會對他們逃避這件事接受度更高。研究也證實了，爸爸們在孩子出生後會刻意加班，甚至發展新興趣，好讓自己在晚上和週末儘可能「消失」。不是說所有人都這樣，但他們會設法避開這些責任，而且社會對此也不苛責。但反過來，如果是媽媽說：『我要去上瑜伽課，明天要和朋友喝一杯』，大家就會很驚訝，會說：『她怎麼了？』」[20]

或者就像另一篇部落格文章在提及母職時所說的：

「一個讓孩子晚上七點後還沒上床睡覺的媽媽，就會被說是個不稱職的母親；但男人不管是去哈雷舞廳、去巴西，甚至去火星，都不會被說是不稱職的爸爸。男人根本不會被貼上『不稱職父親』的標籤。」[21]

如果我們更仔細地觀察「時間」與「空間」在親職中的交會點，不難發現，在美國近幾十年來的用語變化可能並非偶然——從過去的「家庭主婦（housewife）」逐漸轉變為「全職媽媽（stay-at-home mom）」。前者強調的是一名女性作為「妻子」的家庭角色，而後者——自二十世紀末、二十一世紀初開始流行——則將「妻子」這個角色邊緣化，進一步將女性的身分精煉為「母親」，並強化了女性理應長期**待在家**的觀念。[22]

因此，儘管許多女性與男性都在為爭取屬於自己的時間奮鬥，最終往往只剩母親們什麼也沒搶到，只撿到一點時間的碎屑。在這樣的情況下，父親的缺席也進一步鞏固了一種「育兒無止境」的感受，母親們幾乎沒有任何離開或喘息的可能，而大多數父親卻可以，也確實常常「抽身而退」。

這樣對時間的掙扎並不限於本研究中的母親們，不過，當一個人從母職中得不到任何喜悅或成就感時，這場掙扎就會有完全不同的意義。對很多母親來說，無法暫時抽身已經令人窒息，但當一個人不是想短暫休息，而是想徹底擺脫「當母親」這件事時，這種感受就幾乎可以稱為災難性的了。

除了這些父親缺席的案例以外，還有其他父母之間職務分工較為平均、共同撫育孩子的案例：。

莉茲

有一個介於一歲到五歲之間的孩子。

莉茲：我只知道什麼叫真正的「共同育兒」，所以我聽到其他人的經驗時，常常覺得很陌生。但這其實也和我自己是怎麼處理事情有關——我的意思是，我不會等著對方自己去猜，而是會主動說明我想要什麼、需要什麼，這本身也需要花力氣。

我：所以在妳的眼裡，妳的後悔不是因為妳承擔了大部分的責任？

莉茲：不是，完全不是，是因為多年來我完全不想要孩子，我不是會當媽媽的那種人，所以從我剛生下孩子時我就這麼說：「這是我們的寶寶，祝我們兩個好運吧。我們誰都不懂，可以一起學著當爸媽。」我從來不會因為自己是女人就認為自己比較懂。老實說，我一開始什麼都不懂。我覺得很多時候，是女性自己說「我比較懂」，只是因為她是女人，而不是她真的比較懂。然後這種情況久了就變成一種既定分工。等到她有一天想喘口氣，想要休息，情況就會變得很複雜，因為另一半已經習慣她什麼都管好，會不知道怎麼接手……但我們家剛好相反，他做了很多我沒有做的事情。

在海倫的情況中，孩子幾乎是由孩子的父親在照顧，即使是在他們還住在一起的時候也是。

海倫

有兩個介於十五歲到二十歲之間的孩子。

海倫：我覺得這一切真的不適合我，簡單來說，就是不適合我。我不喜歡。我不喜歡那些哄小孩啊、拿搖鈴陪他們玩幾個小時的事情，我真的不喜歡。我不喜歡坐著念同一個故事、聽同一首歌好幾個小時。有些人喜歡，但我不。我很痛苦，我不是在享受，而是受苦。真的很受苦。非常地痛苦。有時候我甚至會打電話給我老公，跟他說如果他現在不馬上回來，我真的會崩潰。真的會崩潰。不是可能，是會，真的會從情緒上崩潰。

（中略）我還記得我特別喜歡晚上能離開家，比如洗澡時間、那些時候……所以我才常跟我老公說，他才像那個「媽媽」。他有像大象一樣的耐心。他下班回來……我下班回家是完全沒有耐心處理任何事情的。但他一下班就接著忙家裡的事——幫孩子洗澡、準備晚餐、什麼都做。而我呢……我做不來，真的完全不行。

但能夠在時間與空間中偶爾逃離照顧責任，並不代表就真的能斷開自己與孩子之間的「母職連結」，如同海倫所經歷的：

海倫

有兩個介於十五歲到二十歲之間的孩子

海倫：對我來說最難的，是那份責任。不是那種「啊不，他是不是又要怎樣了」的擔憂，而是對「我要負責養出一個人」這件事的責任。我不太確定我有沒有表達清楚：那是一種一直盤踞在腦後的東西，像是——你從此就和自由告別了。

這不是指行動上的自由……我不確定我有沒有解釋得夠清楚。那種感覺比較像是：妳原本只需要為妳自己負責，妳不需要為伴侶負責，因為他是個大人，你們只是互相連結。但現在不一樣了，從此妳再也不是一個人。腦袋裡也沒有自由了。就是這樣。

讓我們回到「母職是一段永無止境的旅程」這個觀點來看。這種象徵性的哺育行為，因為沒有界線、沒有盡頭，所以常常被經驗為一種侵入，而這種感受不一定與父親是否在場有關。即使母親能與他人分擔照護責任，也有支持的伴侶，對母職感到後悔的女性仍會渴望在時間與空間上找到一個永遠的出口。換句話說，她們渴望能回到她們記憶中那個「正常」的生活狀態與自我懷抱之中。與此相對的是，成為母親的意識會不斷提醒她們，母職的時間是循環的、是永恆不止的——即便配偶在教養上已經是平等的夥伴，積極參與日常育兒。而由於這樣的永恆出口在現實中無法實現，想像與幻想便被召喚：要嘛是將孩子從家庭關係中移除，要嘛就是讓自己離開。

渴望孩子或自己消失的幻想

由於母親無法改變自己「已為人母」的事實，也無法終止與孩子之間的關係，她們只好轉向另一種應對方式——在想像與幻想的領域中尋求出口，幻想孩子從未存在過：

蘇菲雅

有兩個介於一歲到五歲之間的孩子。

蘇菲雅：我從來不曾幻想要傷害他們——我只是幻想有個小矮人（笑）會出現，對我說：「好了，我們重新開始吧，這次他們將不會存在。他們不會發生什麼事、不會知道、不會經歷任何事。」

卡梅爾

有一個介於十五歲到二十歲之間的孩子。

我：妳有沒有想過……（卡梅爾在我還沒問完之前就回答了）

卡梅爾：當然有。

我：想過要離開？

卡梅爾：離開？我還以為妳要問別的問題（笑）。

我：比如說？

卡梅爾：殺了他。希望他死了。對，對，對，非常多次。直到今天。直到今天。我不是那種會把細節計劃得很周密的幻想，當然也從來沒有真的付諸實行……但我經常幻想他生病然後死掉——到現在我還會這麼想。一直都有。我要說的這件事很可怕，我今晚大概也會夢到，但如果他真的出事了，我會死，我真的會死。可是……某種程度上，我也會覺得鬆一口氣。我知道，這樣說很可怕，但這是實話。實話就是，我也會感到鬆一口氣。（中略）這很難熬，妳聽著。這些他死掉的幻想——是一種沉重的負擔，而且一直都在，一直都在。

歐德拉

有一個介於一歲到五歲之間的孩子。

歐德拉：有時候我會問自己，到底是怎麼回事……這個人怎麼會是我的孩子？為什麼？讓他就這樣消失就好了。雖然我不會真的這麼做……妳懂的，實際上我當然不會。但在情感上——有時候真的會這樣想。倒也不是說現在希望他立刻消失，而是對這一切曾經發生過感到後悔。比較像是：「我到底幹嘛要做這件事？」那種感覺。

多琳

有三個介於五歲到十歲之間的孩子。

我：當妳意識到妳後悔時，妳有什麼想法？

多琳：一直都這樣。一直都是。每天都是。是的，這真的很可怕。我家裡有三個孩子，所以他們很吵、很瘋，常常打架。有時候我會發現自己——我當然永遠不會對他們說出口——但我會咬著舌頭、心裡對自己說：「老天啊，我希望他們就這樣消失。為什麼他們要在這裡？他們到底是誰？」真的，我會覺得他們是我人生的絆腳石，應該離開。我覺得這不是那種媽媽看到小孩吵鬧時說「唉，我累了、沒精力了，孩子嘛，鬧一鬧會長大的」那種感覺，而是更深更強烈的情緒。

潔姬

有三個孩子，一個介於一歲到五歲之間，兩個介於五歲到十歲之間。

潔姬：我會說，我希望一覺醒來，他們就不在了。這是我想要的……我知道這樣說不對，但……

其他參與本研究的女性敘述的幻想內容並沒提到希望孩子們消失，但她們希望將自己自家庭中移除（有時希望孩子消失的母親也會希望將自己移除）：

蘇菲雅

有兩個介於一歲到五歲之間的孩子。

蘇菲雅：我曾經想過要把孩子留給他們的父親。如果我在這段關係中是那個男性角色——而且我這樣想很久了——那我可能早就離開了。有時候，我丈夫的表現確實比我好很多。我真的很想把孩子留給他，然後自己離開。我之所以沒有這麼做，有兩個原因：第一，這在社會上是不被接受的。我害怕別人的反應，也知道我的家人無法接受，我在這世界上會成為孤單一人。第二，更重要的是——是內心的罪惡感。我知道是我讓他們來到這個世界上的，而現在我必須承擔這一切，即使這代表我的人生就此結束。我的人生彷彿已經結束了，但我還是得去做，因為我別無選擇，因為他們需要一個家長。我不想讓他們因此有創傷，也不想讓他們經歷我小時候的那種童年，沒有選擇。但是，如果我沒有這些顧慮，我早就離開了，因為我真的不想跟他們在一起。

多琳

有三個介於五歲到十歲之間的孩子。

多琳：我跟妳說件事。有一天我讀到一篇文章，寫的是一個女人的丈夫離開了她。她描述說：「他拿著垃圾袋說要出去倒垃圾，然後就再也沒回來。」我不知道為什麼，這句話一直留在我腦海裡。我常常想：「哇，如果我也拿著垃圾走出去，然後再也不回來，會怎麼樣？」但我感到自己有責任。就這樣。而且我也明白，做什麼事都要付出代價。我不想……這種想法在我腦中出現過很多次。尤其是現在離婚的情況下，我本可以對埃亞爾說：「你留下來，我走。」這是個選項。

我：那妳為什麼沒這麼做？

多琳：因為我覺得我無法承受社會的眼光……還有，我不是照時間順序講的——我覺得孩子們現在還很需要我。真的很需要。我不是拿這個當藉口。他們很黏我，我在他們生命中是很強勢的角色。而且，這真的會讓人不禁問：怎麼會這樣？怎麼可能會有這種狀況？但它就是這樣。有時候真的像是有兩個人格在體內。我有時候真的覺得自己像得了思覺失調。但我知道我沒有。可是，是的，有些時候我會對自己說——夠了。真的夠了。（中略）如果我今天真的拿著垃圾出門然後不再回來，好吧，孩子會長大，大家都會成長，世界不會因此停止轉動。但最終你還是得付出代價。或許二十年後我會想再和他們聯繫？或者……怎麼樣之類的。人生總是有它的計算方式。還有，我覺得這樣對他們比較好。只是……這又是把別人擺在自己前面。沒錯。我會對自己說：我是個大人，我做了這個選擇，我要承擔這個責任。我沒有要逃避，但這並不代表這件事比較容易，這並不能減輕我的痛苦。

德布拉

有兩個介於十歲到十五歲之間的孩子。

德布拉：我的關係當時正面臨困境，而我曾想過其中一個解方是分開。對我來說，如果我要離開，那就意味著我會一個人離開，不帶孩子。我的意思是，孩子對我來說是這段關係的一部分，而且這部分「某種程度上」屬於我丈夫那一方，所以如果這段關係結束了，很明顯孩子應該跟他父親，而不是我。不是因為我不能照顧他們，而是因為我不想。我不覺得那是我「自然應該」在的地方，也不是能滿足我需求的地方。如果孩子的「存在理由」某種程度上是因為他，那麼他們就不應該跟我在一起。（中略）幾個月前我去找了心理師，有一段時間我們談了很多不同的議題，其中一個就是親職與母職。我告訴他，如果不是因為有了孩子，我會去做這個、那個，他回答我：「但在你的世界裡，這不是一個選項。因為你絕對不會拋棄孩子、把他們丟去什麼機構或寄宿學校。不是說這在世上完全不可行，而是你是個忠誠、有責任感的人，這種事不在你的行為選單裡。」他說得沒錯。這不是一種可以隨便轉交給別人的責任。或許在某種程度上，我會對離婚這個想法感到「有點著迷」，正是因為它可以讓我放下孩子。那對我來說是離開母職的一個出口。這聽起來可能有些扭曲，但這確實是它吸引我的一部分——我可以把孩子交給他們的父親。那會是一個很棒的出口。

我並不想放棄我的伴侶，我愛他，也依然相信他是最適合我的人，不會有人比他更適合當我的伴侶——但就像是一個解決方案、一種緩解壓力的方式：為了能夠放下孩子，而不得不放棄我所愛的男人（笑）。

瑪雅

有兩個孩子，一個介於一歲到五歲，一個介於五歲到十歲，受訪時懷有身孕。

瑪雅：我有時會看電影或讀到一些關於母親撐不下去、最後離家出走的故事……我不知道欸，可能跟我自己是被領養的有關，這對我來說就像是一種禁忌。妳懂嗎？如果一個人能做出那樣的事，她是什麼樣的人？那我呢？作為她的孩子，那我又是什麼？我想到這些，就會覺得我不只永遠不會有那樣的勇氣，就算真的做了，我也永遠不會快樂。

我：妳是說——離開嗎？

瑪雅：對，離開。

我：所以妳有時候會想到這件事？

瑪雅：會，我會幻想。就像人有些性幻想，是自己知道永遠不會真的去實現的——這也是一樣的那種幻想。我知道我永遠不會做出這種事。雖然人家都說，萬事皆有可能，但我知道這是我做不到的。光是想到那畫面我就胃痛——我可以想像我的孩子問：「為什麼媽媽離開我們？我們做錯什麼了？我們是壞孩子嗎？」我想像他們腦中充滿這些念頭……不行，我不能讓這種事發生。我絕對不能讓這種事發生。所以我就被卡住了，有點像這樣（笑）。我哪裡都去不了，無論哪一邊走我都無法完整。孩子就在那裡，這點是改變不了的。

這些由研究中受訪母親所描述的幻想，可能其實為許多母親所共有，只是表現方式不同。以下這段話出自美國社會學家芭芭拉・卡茲・羅斯曼（Barbara Katz-Rothman），她一方面坦承自己曾有想逃離孩子的念頭，一方面又捍衛自己對母職的熱愛：「如你所見，我熱愛母職。我正在熱情地為母職辯護。我曾對孩子大吼大叫，曾經希望自己能離他們遠遠的，也曾感到憤怒、挫折、甚至片刻的厭惡——所有那些，任何一個誠實面對自己的人都得承認，這些情緒都是當媽媽的一部分。但我愛它。」23

區別這樣的幻想是否代表後悔母職的關鍵，在於那句「但我愛它」是否存在。對許多母親而言，偶爾幻想孩子消失、自己能逃離育兒現場，是她們鍾愛並願意持續投入的母職經驗的一部分；但對另一些母親來說，這樣的幻想與其說是喘息，不如說是深切後悔的表徵——她們想徹底去除自己身上的「母親」這個身分，回到那個「不是任何人的媽媽」的自己。這樣的自己，已經無法回去，因為孩子已經來到這世上，而「我是母親」的意識也早已根深蒂固。這份存在感，如影隨形，有時是一天二十四小時不斷提醒她們的聲音：妳，已經不再「不是任何人的媽媽」。

因此，想從現有的家庭關係中抽身的渴望，最終會讓她們選擇維持現狀——如多琳所說，這就是「人生的數學」。許多母親都有類似感受：她們找不到「母職休止符」的出口，也不認為自己可以有片刻的逃離。她們覺得自己必須把孩子的需要放在首位，義無反顧地留下來。於是，在那些想像中消失的幻想之下，每一位母親其實都以「我別無選擇，因為孩子的福祉最重要」的敘事，繼續扮演著「留下來的母親」角色。她們最終消除的，不是自己，而是那個離開的幻想。在這樣的脈絡下，哲學家莎拉・魯迪克（Sara Ruddick）主張，母親的情感光譜極廣，從深愛孩子到極端想逃離孩子皆有可能，但重點在於她們的「行為」。而這些行為的基礎，是她們對親子關係的承諾——也就是她們所展現出來的「守護式的愛」。[24]

但問題也可以這樣問：這種談論愛的方式，到底在「守護」什麼？這樣的愛，或許是在守護孩子眼前與未來的幸福（如魯迪克所言），但同時也可能是在守護一套社會秩序——那個害怕被打破的秩序。一位母親若選擇離開孩子，她改變的，不只是她的家庭結構，而是整個社會對「母親該是什麼樣子」的既定信仰。這種想法會讓那些內心渴望離開的女性選擇將違規行為限制在想像中，因為社會的目光就像一道無形監視，早已內化到她們的行為和情緒當中，確保她們維持這個世界的穩定。這種「秩序的保全」也透過罪惡感與對被譴責的恐懼而實現。因為如果她們真的離開，不只可能失去孩子（那或許是她們主動選擇的），還可能面對社會對她們違反母職規範的強烈指責與排擠。

而父親，情況就不同了。雖然男性若離開孩子也可能遭社會批評，但程度遠遠不及女性。事實上，離婚或分居後的父親，比母親更常選擇離開家庭。若是母親選擇不與孩子同住，她們會被貼上標籤、受到譴責，有時甚至被剝奪「母親」的稱謂。[25]

這種譴責建立在一種神話般的歷史觀上，認為女性天生具有養育他人的能力，而男性則沒有。因此，女性、男性、心理專業人員與法律系統往往默許男性逃避育兒責任，甚至視之為理所當然；但母親若離開，則會被群起而攻之。然而，即使如此，有些女性還是離開了。有些女性希望、同意或設法創造一種與孩子分居的安排，這不代表她們後悔孩子的出生，而可能是面對母職中後悔的一種具體實踐或因應方式。*

離開自己的孩子

綜觀歷史與多元文化，那些和子女分居，那些與孩子分開生活、而孩子由父親或其他家庭成員撫養長大的母親，並不總是被以病態的視角審視與看待。舉例來說，在

*我接下來對於那些與年幼或青少年子女分開生活的母親所做的描述，是否會不自覺地呼應了這樣一種社會觀點：這樣的行動之所以值得特別關注，是因為主體是「女性」？這的確是我所考慮到的可能性。然而，我仍然認為，我們有必要去正視那些不想成為母親的女性的主觀經驗，並探討她們如何看待與子女分開生活這件事——尤其是在這樣的選擇常被社會輿論譴責的情況下。

中世紀，當基督教女性離開家庭與孩子進入修道院、奉獻自己給上帝時，她們並未被描繪為不道德或瘋狂，反而受到尊崇與讚揚。

即使到了今天，這種母子分離的情況並不必然被視為病態，在特定的社會─政治─經濟安排下，對那些因而受益的人來說，甚至可能被視為理所當然。例如在以色列，孩子與父母分開、住在基布茲（集體農莊）中，被視為社會主義意識形態的一部分；又如，女性移工如今在西方國家受到歡迎，儘管她們可能將自己的孩子留在原居地，社會的注視焦點仍是這種離散對她所扶養的家人帶來的好處。

這幾個例子都說明了，社會如何看待母親和孩子分居這件事，端看她們這麼做的理由，以及她們是為了誰這麼做：是因為宗教信仰？是為了另一個男人或女人？是為了維持家庭的經濟生存？還是為了讓另一個國家的親人過上更好的生活？

參與本研究的女性當中有數名和自己的孩子分居，孩子現在和父親住在一起，她們都有各自的背景與理由。提爾紗在她的兒子兩歲的時候去了國外，並在那邊住了十年：

提爾紗

有兩個介於三十歲到四十歲之間的孩子，已經當上祖母。

提爾紗：我知道我將我的孩子拋下了，我離開時他們還很小，分別是兩歲和三歲大。我知道他們能得到很好的照顧，他們待在基布茲，跟一位很棒的爸爸一起。我知道我把他們交給了值得信賴的人，我爭取不到比這更好的安排了。

我：當時妳有和他們聯繫過嗎？

提爾紗：我會去看望他們，我大概每年見我的孩子四到五次，我常常去看他們、寫信、打電話給他們，他們也會回信和打電話給我。他們肯定感到受傷，但我一直告訴我自己：這樣的結果總比讓一個不願意、也沒能力當母親的人留下來來得好。如果我留在那裡，一個無心照顧孩子的母親會讓他們更受傷。是的，就是這樣。

絲凱的孩子在她離婚時已經超過六歲，有些甚至是青少年了。她說在離婚的過程中，她的丈夫堅持要孩子們留在他那邊，而她別無選擇，只能妥協。事後她才意識到，這個決定其實與她不願意當母親的心情是一致的——如果當時孩子是要由她來照顧的話，她也許根本不會選擇離婚：

絲凱

有三個孩子，兩個介於十五歲到二十歲，一個介於二十歲到二十五歲之間。

我：孩子怎麼會最後跟他們的爸爸住在一起呢？

絲凱：我在離婚後非常非常虛弱。（中略）我知道我沒有精力照顧孩子，我知道我撐不下去，我沒辦法自己撫養他們。（中略）現在我知道、我明白，那時的我真的沒辦法做到。要是真的孩子留在我身邊，我不知道會發生什麼事。從這點來看，我可以說我是幸運的。怎麼說呢？人家不是說離婚也要看對象嗎？對我來說就是這樣。他們有一個我甚至比信任自己還信任的爸爸，我覺得他把事情做得很好。可以這麼說，在這種情況下我真的無法再要求更多了。我總是試著安慰自己，也許他們沒能有一個好媽媽，但我想他們有一個好爸爸。我希望某種程度上能讓一切達到平衡，他給了孩子們安全感，懂得付出，孩子對他來說是最重要的。我覺得……對，他真的不一樣。這是他們的運氣，也是我的，但更是他們的。

我：那周圍的人對孩子跟爸爸住這件事有什麼反應？

絲凱：這才是重點。我想人們當時一定有些閒言閒語。這件事讓我很難受，因為我知道社會會怎麼看我。這又一次顯示出「妳有問題」、「妳不正常」，怎麼會有母親放棄自己的孩子？這不正常。孩子不都是跟媽媽住嗎，結果他們竟然跟爸爸。我當時真的沒有一點力氣。我也只是想趕快把一切結束，所以什麼都讓了。（中略）離婚之後我覺得自己做了這輩子最壞的一件事。我一直不斷地向這個世界道歉，就是這種感覺。我那時不太跟人談這些事。還好我有接受心理治療，那時才終於可以說出這一切。但要對外人談嗎？我表現得一切都沒事。所以嚴格來說也不能說我真的「放棄了」什麼，因為這不是讓步，我根本沒有選擇。說不定如果我當時必須帶孩子，我根本就不會離婚。我是這麼清楚這一點的。當然，我不能把這種話說出口，因為聽起來太可怕了——一個媽媽怎麼可以……

潔姬的孩子在她與丈夫分開時都還不到七歲，在她因精神崩潰住院之後，孩子們就留在父親那裡。潔姬表示自己當時無法照顧孩子，但她也不希望孩子的父親來照顧他們，而是希望他們能進入寄養家庭。不過這件事沒有成真，孩子們最後還是由他們的父親撫養：

潔姬

有三個孩子，一個介於一歲到五歲，兩個介於五歲到十歲之間。

我：妳現在還會去看孩子們嗎？

潔姬：一週一次，一次一個小時。就在妳來之前，我才決定試著週五在家過夜。我已經快兩年沒在家過夜了，所以我想說試試看……孩子現在在念幼兒園，他們很需要關注，所以我說，我會試著看看能不能回家住一晚。

我：是妳自己決定一週只見一次、一小時，還是妳原本想要別的安排？

潔姬：這就是問題所在。我一開始根本不想見孩子，是被逼的。一開始我會見他們三、四個小時，但我真的很容易就累、很容易就生氣，所以後來我就縮短了見面時間。這花了一些時間，直到我先生同意，孩子們也接受了，社會也勉強接受了。舉例來說，我的家人，除了我媽媽之外，都不能接受我離開家這件事。他們無法理解我為什麼要離開。我嫂嫂，她根本無法接受一個母親怎麼可以拋下孩子，她沒辦法接受我離開孩子。所以就是這樣。（中略）現在我其實很快樂，但我也很害怕這一切會被打破。

我：打破？怎麼說？

潔姬：嗯……我最怕的是哪天我會崩潰，然後說我要回家去照顧孩子。這是我最大的恐懼。妳知道，這種感覺會慢慢滲進來，因為當我開始感覺好轉的時候，就會冒出那個念頭：「那為什麼我不回去帶孩子呢？」（中略）妳知道，我出院的時候，他們其實有給我選擇讓孩子全日寄養。我當時真的很希望能讓他們全日寄養。我覺得他們值得有一個正常的媽媽、正常的爸爸。我媽媽當時拚了命地爭取只讓他們半寄養。現在她後悔了，因為她看得出來我先生其實照顧得不好，對他來說太辛苦了。

我：那妳現在不能改變這個情況嗎？

潔姬：我先生現在不願意了。他覺得他已經失去了我，如果他再把孩子送走，他就什麼都沒了。他說得沒錯。因為如果他把孩子送去寄養，我就永遠不會再回家了。所以……我……我真的會毫不猶豫地把孩子送去寄養。我真的會。[……] 我媽媽說：「如果有一天妳後悔了，想把孩子接回來，而他們卻不願意呢？」我必須說，在過去這兩年的治療中，我的確開始覺得好一點了。然後……我很擔心，也許有一天我會回去，並覺得一切都好轉了。

每一位母親都是在她獨特的人生處境與當時所面對的選擇下，離開了自己的孩子。提爾紗有機會移民到另一個國家，因此主動選擇了與孩子分開；但與此不同的是，絲凱和潔姬描述的分離情況則是出於她們無法控制的因素：絲凱的孩子因為父親堅持要撫養而留在他那裡，而潔姬則是在精神崩潰之後失去了照顧孩子的能力。

儘管她們走上了不同的分離路徑，對她們而言，孩子最後由父親照顧這件事，都與她們對成為母親的抗拒密切相關——即使這層關聯是在事後才慢慢認清的。她們都用各自的方式描述了那種窒息的感覺，光是想到必須繼續照顧孩子、與他們住在一起，就讓人喘不過氣來。

但如前所述，身體上的分離並不代表母職意識的終止：即使與孩子分居，這些母親仍不約而同地表示，母親這個身分在她們生活中依舊迴響不已。這樣的迴響帶有對自己作為母親的侷限性的認知，也體現出這是出於現實考量所做的抉擇。同時，她們也強調自己依舊關心孩子的福祉，認為讓孩子由父親撫養，對孩子而言才是最好的安排。透過這種一邊離開孩子、同時仍然關注他們現在與未來的方式，這些母親對「好母親」提出了不同的詮釋，甚至有助於顛覆那一套僵化的母職規範。換句話說，有時候真正關心孩子的需要，可能意味著要與他們分開，因為他們和父親一起生活會過得更好。這種詮釋與主流社會的觀點大相逕庭。正如學者黛安娜・古斯塔夫（Diana Gustatsan）所描述的，她提到一位加拿大母親讓孩子由父親撫養的案例時指出：「諷刺的是，這位女性認為自己做出的是一個關懷孩子的『好媽媽』行為，卻被他人視為『不配當媽媽』的表現。」[26]

另一個反映社會譴責態度的例子，來自一篇關於作家玲子（Reiko Rizzuto）的報導。她選擇讓孩子由父親照顧，自己與孩子分居。這篇文章引發美國社會關於「由父親撫養孩子」的激烈討論，[27]網路上的回應超過一萬六千則，多數與這則評論如出一轍：

「這是我所見過最令人難過的現代自我中心文化的例子之一。」

「這人就是個自私的混蛋！孩子誰來餵？誰送他們上學？為人父母不是一份妳想辭就能辭的工作，因為妳還有別的事想做。妳應該負責任，應該是孩子可以依靠的兩個人之一。她沒說的是她對孩子造成的破壞。總有一天她會得到報應。」

「天底下誰會同意她的作法？這蠢女人根本不配有孩子。」

一位選擇搬出去自己獨居的德國母親，也同樣遭受了嚴厲批評：

「身為一位母親，離開家庭是不可能被接受的事。妳不可能不跟孩子一起生活。孩子由父親撫養太不自然了。（人們會說）我必須修正這個情況——如果我無法結束這段關係，那至少該把孩子帶走。」28

這些回應和其他類似的聲音展現了社會對「母親必須與孩子同住、永遠不能離開」這件事所下的明確判決——不論她身處什麼樣的困境或痛苦，即使她坦承自己無法、也不願意照顧孩子，都不被當作正當理由。

對某些女性來說，離開家庭的決定伴隨著強烈的罪惡感，因為她們無法符合所謂「好媽媽」的標準。本研究中的母親們也考慮到，自己的離開可能會對孩子造成傷害，即使多年之後依然如此。她們持續反思這個決定，即便這已是「兩害相權取其輕」的選擇，畢竟她們無法回到從前、回到還不是誰的母親的狀態。因此，雖然離開孩子被視為一種對母職限制的違反，但這段距離仍不足以讓她們真正從母親的身分中抽離——而這正是她們在後悔之中曾渴望達到的。

再生一個孩子，還是不生了？

「如果這些女性後悔當媽媽，為什麼她們還要生第二胎、第三胎？」

這是許多部落客在討論「後悔當媽媽」這個議題時經常提出的疑問。要回答這個問題，必須再次認識到：人生經驗的樣貌多元而複雜，無法用單一理由來概括。對某些女性而言，直到多年之後才感受到對母職的後悔，因此她們的第二或第三個孩子並不是在「後悔」的心境下所生；也有一些女性儘管感到後悔，仍選擇再生育一胎。當然，也有不少女性在認清自己並不想成為母親後，決定不再生育。無論她們最終選擇的是繼續生育還是停止生育，背後的邏輯多半是希望「從現在起盡量減少損害」，而這種「減少損害」的方式與理由，也因人而異。

為了第一個孩子，必須再生一個。在許多社會中流傳著一種「真理」：只有一個孩子對孩子是不利的，甚至被視為對長子／長女不道德的行為。[29]基於這樣的觀念，「減少傷害」的方式往往會將第一個孩子的福祉視為首要考量，即使繼續生育會對母親的情緒健康造成巨大壓力。也因此，例如瑪雅就曾說過，從她成為母親的那一刻起，孩子的數量已經不再重要：

瑪雅

有兩個孩子，一個介於一歲到五歲，一個介於五歲到十歲之間。

瑪雅：我不覺得再次懷孕有什麼問題，因為我對自己說：反正我都已經掉進這個坑了，既然如此，那我就把這件事「做好」。一旦妳已經生了一個，那生三個、七個都沒差，真的，真的沒差。當妳當了媽媽，那就是定局了。（中略）我已經在這裡了，我的感受也不可能改變。我只希望這個孩子出生後——我希望我還能再多生幾個。因為如果我……我不會說我痛苦，因為在其他層面我還是快樂的；但如果在當母親這件事上我很痛苦——那至少我的家庭是快樂的，不管用什麼方式。我會有一個大家庭，一個幸福的家庭，大家都會很快樂。

因此，當「後悔」這個情緒籠罩在頭頂時，回頭看起來，理想的孩子數量其實是「零」。但既然第一個孩子已經出生了，這件事就已經無法改變。這就像是一場零和遊戲：不是當媽媽，就是不是；而一旦你成了媽媽——那你就有義務、有責任，孩子是幾個，其實都沒差。

出於同樣的母職承諾與責任感，葛蕾絲說，儘管她並不想再生小孩，也已經對育兒感到後悔，但她仍然可能因為家裡的壓力——尤其是孩子們施加的壓力——而再生一個：

葛蕾絲

有兩個孩子，一個介於一歲到五歲，一個介於五歲到十歲之間。

葛蕾絲：我兩個兒子都想要再有個手足。如果有一天我又生了一個孩子，那也只是為了他們，因為他們一直給我壓力，說他們想要一個弟弟或妹妹。我認為沒有第三個孩子對他們來說不是好事，但對我來說是椿好事。如果有一天我因為壓力而妥協，我的兒子們會是唯一的原因。

葛瑞絲提到了家庭生活中的一個情感分歧點：獨生子女（或如本例中「只有兩個孩子」的情況）開始比較自己與其他有兄弟姊妹的同齡人，並表示他們受夠了獨自成長。這種「受夠了」的情緒，可能與母親本身的感受背道而馳——有些母親覺得自己真正受夠的是身為母親的經驗，因此根本無意再生更多孩子。於是，母親往往會處在一個願望衝突的十字路口——孩子們希望再有手足，而她們卻只想停止母職經歷。在許多情況下，這樣的衝突最後會根據孩子的需求來解決，因為孩子的願望反映出母親心中內化的「標準家庭樣貌」：一個家庭應該有不只一個孩子。

結果就是，母職經驗經常會「反咬一口」：許多母親——包含本研究中的一些受訪者——一開始生第一個孩子，是因為自己真心想要一個孩子。但過了一段時間後，卻發現自己被來自外部與內心的規範推著走，被告知「必須」再生，儘管自己根本不想再當一次母親。如果我們回顧一下各種通往母職的道路，就會發現：女人可能一開始是出於自願才成為母親，但接下來卻可能出於完全不同的理由、甚至是無奈，而繼續生下第二個、第三個孩子。

一旦決定為了家中老大再生一個孩子，下一個問題就是：「什麼時候生？」部分受訪者是這樣說的：

納奧米

有兩個介於四十歲到五十歲之間的孩子，已經當上祖母。

納奧米：我連續生了兩個孩子，因為我告訴自己——就這樣吧，兩胎都是意外。我當時想，他們年齡差不多也不錯，這樣我可以一次把生小孩這件事處理完，好讓我回去做真正讓我有興趣的事情。

葛蕾絲

有兩個孩子，一個介於五歲到十歲之間，一個介於十歲到十五歲之間。

葛蕾絲：很顯然的，我得再生一個孩子，我「必須」這麼做。因為人們說妳不能只生一個，經過兩年半以後我告訴我自己：「好吧，讓我們有點進展吧！」

這些訪談內容在在顯示了，這些家庭裡面彷彿有個滴答作響的時鐘，暗示著決定是否再生小孩的時間壓力。「趕快生一生就好了」、「快點組織起一個家庭」這類說法，表現出一種願望：孩子年齡越接近，最辛苦的前幾年就會過得越快。

這種觀念認為，家裡越快被孩子填滿，也就越快能清空；母親越早犧牲自己的時間去換取家庭時光，也就越早能重新擁有屬於自己的時間。因此，部分受訪者透過密集生育，希望能「儘快完成當媽媽的任務」，即使她們也意識到，這可能是一段永無止境的旅程。

這種從第一胎開始後產生的「母職後悔」與現實育兒之間的落差，可能導向三種路徑：一是如前所述，決定加快生育節奏，以縮短嬰幼兒時期的煎熬；二是選擇延遲生育下一胎，避免重蹈覆轍；三是乾脆完全不再生。

從經驗中學習：根據以色列國會研究與資訊中心二〇一〇年對經合組織（OECD）各國的調查顯示，女性理想中的孩子數往往高於實際生育數，原因包括經濟負擔或缺乏支援系統等因素。[30]

另一項研究指出，這種「理想子女人數」與「實際生育數」的落差，有時也與「經驗」有關。澳洲研究者唐娜・李德（Donna Read）等人進行的一項研究顯示，女性對「成為母親的實際體驗」與「她們應該如何扮演這個角色」的理解，是她們決定家庭規模與是否繼續生育的關鍵因素。根據研究，許多澳洲母親在成為母親之後，比起原本的想法，更傾向於只要更少的孩子。[31]而這一點在德國也表現得很明顯：有伴侶但尚未育兒的女性中，有四分之三希望有孩子；但在那些已經為人母的女性中，僅不到四分之一仍想要孩子。[32]

李德的研究中提到母親們在生下第一個孩子後的震撼和驚惶，參與本書研究的幾個母親也提到了，在第一個孩子出生後她們就為此後悔多年，直到今日依然後悔，因此她們決定不生其他孩子：

葛蕾絲

有兩個孩子，一個介於五歲到十歲，一個介於十歲到十五歲之間。

我：妳有因為後悔而採取任何行動嗎？

葛蕾絲：對我來說，實際行動就是現在不再生小孩了。照「正常情況」來說啦（笑帶點嘲諷的語氣）——我最小的孩子已經七歲半了，理論上我應該要再生一個，但我沒有。這就是直接的表現。實際上，就是選擇不再生。（中略）如果妳十五年前問我，我本來是想生四個孩子的。

羅絲

有兩個孩子，一個介於五歲到十歲，一個介於十歲到十五歲之間。

我：在妳當媽媽之前，妳有想過妳要生幾個孩子嗎？

羅絲：我想過要生三個或四個。

我：而在妳感到後悔以後，有什麼實際行動嗎？

羅絲：總體來說，我不打算再生小孩了，儘管我先生真的很想要。

莉茲

有一個孩子，介於一歲到五歲之間。

莉茲：我看到我兒子時覺得很好笑，他說：「媽咪，我想要一個弟弟。」我就回他：「不可能喔。」但我也會跟他說：「等你長大以後，你想要孩子的話可以自己生啊。」（笑）

（中略）我不會再生了，絕對不會。現在當別人說「妳不知道有三個小孩是什麼感覺」的時候，我就會說：「對對對，別跟我說這個。對，我是不知道，而且我也不想知道。如果你想生三個、十個、一百個，請便，祝你好運、祝你開心。」沒有人能說我不知道那是什麼感覺，我才不上這種當，懂嗎？（中略）我的想法是這樣，因為我是個坦率的人，也願意想像各種可能性，我真的有試著想像自己有兩個孩子，我從各個角度都試過去想，真的沒辦法。真的。現在我比較容易說出口，因為我知道那是怎麼回事。在妳還沒嘗試之前，要這麼果斷是比較難的。

茉莉

有一個介於一歲到五歲之間的孩子。

茉莉：我把我孩子去年的舊衣服收拾好，想要送給朋友。然後我媽說：「別送，也許妳還會再生小孩。」我回答她：「媽，我不會再生了。夠了，我不會，我很確定。」（中略）我一向避免說得太絕對，總會盡量避免說「絕不」，但我很清楚自己的感受，也清楚我在這段過程中經歷了什麼。我不想再生小孩了。我真的撐不下去，如果我再生，只會對那個孩子不好。

後悔就如同一艘在時間之海中航行的渡輪，載著人從「過去的曾經」駛向「本可能發生的未來」，讓人根據過去的經驗重新思考未來的樣貌。從這個角度來看，對母職的後悔動搖了那種社會想像——也就是生了第一個孩子之後，就自然會想再生、擴展家庭的那種「理所當然」。這些母親不再相信「妳不試怎麼知道」這種說法，因為她們已經試過，她們現在知道了——因此她們認為應該從經驗中學習。

然而，這些母親所獲得的知識與經驗並未被她們的環境接受，她們經常面對來自外界的質疑與勸說：「妳再試一次就會不一樣。」這種勸說反映出一件事：為了維持社會秩序，我們的社會往往選擇否認「失望」的存在與意義——那是一種當我們期待、渴望或希望的事情沒有實現時所產生的感受。

現代社會一方面加劇了這種失望的情緒，卻又同時鼓勵我們去否認它，好讓社會秩序得以維持，繼續將人們推入特定的模板中，依照那個標準去塑造，卻不提供處理痛苦、失落與哀傷的工具——這些情緒其實正是失望的副產品。[33]

因此，在這樣一個無法面對失望的社會裡，尤其是對於母職的失望，女性若不願繼續生育，就會不斷被告知，她們應該超越那個失望、再試一次，以修補她們過去所犯的錯誤。這種詮釋甚至會被女性內化，就像羅絲所描述的那樣：

羅絲

有兩個孩子，一個介於五歲到十歲，一個介於十歲到十五歲之間。

羅絲：當我決定要生第二個孩子時，是希望藉由第二胎的經驗來彌補生第一胎時出現的狀況。懷孕的過程很美好，我穿著合身的衣服、願意談論這件事……我希望、祈求著事情能夠有所不同。而某些方面確實變得不同了——我先生比較支持我，我也有在做心理治療，我很想修補自己的育兒經驗，想證明給自己看，我不是失敗的，我是成功的。我以為我只需要再成熟一點、再準備充分一點就夠了。但在那一陣亢奮過後，真正的戰鬥才開始。

但對其他女性而言，面對失望並不一定會促使她們繼續生育，反而讓她們堅定地選擇就此停止。在她們眼中，過去的經驗仍深深影響著現在，並不是再生一個孩子就能抹去的。她們的失望、經歷與所獲得的認知，與外界的期望背道而馳——外界總期待她們最終會被說服，相信母職對她們是有益的，相信她們終究會「克服過去」，但她們並不這麼認為。

Chapter 5

被消音的母親們

「妳不能跟大多數人談這些事。因為他們無法理解，或者這些話對他們來說太具威脅性，或是他們根本不感興趣。一開始他們就會立刻擺出防衛姿態。人們很難聽進這些話。（中略）我幾乎找不到能坦白談這些的人，幾乎沒有。」

—— 絲凱（三個孩子的母親，兩個介於十五到二十歲，一個介於二十到二十五歲。）

最近幾十年，情勢已經變化到我們可以談論母親身分、及母親身分所引發的情緒。儘管「好媽媽」的形象形成一道屏障，使女性難以坦承她們在處理養育小孩而衍生的困難時多麼受限，並導致她們隱藏自己的感受。近幾十年來這道神聖的圍牆正在慢慢坍塌，雖然社會仍然期待女性要表現得和睦而穩重，但已經有更多的母親堅持她們有權利表現出她們的失望、敵意、沮喪、苦悶和矛盾。

特別是，這樣的改變肇因於現今時代更廣泛的變遷：今日有越來越多的社會團體要求擁有發言權，他們要求獲得地位和權利，讓他們能夠積極地表達自我並最終讓情勢產生變化，然而儘管世界已經這樣變遷，關於什麼能說、什麼不能說的限制正在被打破，但母性的感受遠比單純的喜樂和滿足更為複雜，人們認為這些母性感受正日益與固有的「天生的」母性經驗互相衝突——那些不滿、困惑和大失所望的母親的發聲，仍容易受到限制與譴責。

舉例來說，二〇一三年四月，伊莎貝拉・達頓（Isabella Dutton）撰寫了一篇文章。達頓是英國人，她是個媽媽，也已經當了祖母，但她後悔自己有孩子。達頓所寫的文章在發表後得到數千個評論，如以下這些：

「多麼卑劣、冷酷又自私的女人！這真是令人難以置信！我也為她的孩子感到難過，他們可能讀得到這篇文章，想想他們會有多心碎吧，尤其還是公開刊登給大家看的！真是太可怕、太令人悲哀了。我也很好奇她丈夫會怎麼看她！還好孩子們有個充滿愛的爸爸照顧他們！」

「為什麼妳要說出這麼可怕的事情？為什麼妳不能放在心裡就好？妳的孩子真是太可憐了。」[1]

有人可能會說伊莎貝拉活該得承受這些打擊，因為她在沒有隱瞞姓名和長相的情況下揭露了她的後悔。但是用化名和匿名在避免孩子得知真相的情況下來討論一位母親的後悔，是否就能避免這樣的打擊呢？我們可以在德國關於後悔的母親的討論下看到像是這樣的意見：

「接下來我們是不是要公開後悔人生中每一件事，還要加上hashtag放到網路上討拍？（中略）我只想對那些母親和父親說：活出你的人生吧。把自己人生的悲劇怪罪到小孩身上，這樣很不體面。把自己不滿的責任丟到嬰兒車上太輕鬆了。」[2]

「但是公開說出這件事……（中略）……說自己如果能回到過去選擇，絕對不會再生妳的孩子，對當媽媽這件事深感後悔，我覺得這太讓人震驚了。先不管其他母親、伴侶、朋友、鄰居會怎麼看，如果有天孩子讀到這些文字，發現他們的母親想把他們『退貨』，那他們會有怎樣的感受？你讀了文章，然後發現你是你母親一生當中最大的災禍？」[3]

事實上，無論母親們在訴說自己後悔為人母的時候是否具名，無論她們的孩子是否會接觸到這些說法，這些母親都仍然會遭到社會的批評與否定，這說明了這些譴責背後潛藏著更深層的因素——它們其實是在鞏固那些根深蒂固的「母職真理」：困頓、痛苦的母職經驗是不能談論的，因為這樣的坦白會被視為「不得體」，甚至會被當成是女性心理異常的證明。

對這些「越軌」母親的批判，其實也是傳統等級觀與父權觀的一部分：女性的主觀經驗不被重視、被認為文化地位較低，無論是作為女人還是作為母親，她們的感受要麼被壓抑、要麼必須依照社會期待來重新包裝與呈現。[4]除此之外，對女性和母親的譴責，也來自一種更廣泛的社會氛圍——認為我們活在一個「愛抱怨的時代」，一個沉溺於自憐的時代。正因為越來越多不同社群如今「被允許」發聲、挑戰那些壓迫性的社會安排，「母親的發聲」反而變得格外難以忍受，輕則被說成是「又一位嬌貴、自怨自艾、誇張的脆弱者」。

在這種情況下，社會普遍存在一種集體的希望——那就是「後悔當媽媽」這件事最好永遠只是女人自己的祕密、一段個人失敗的內疚故事，與他人、與整個體制毫無關聯。因此，一點也不令人驚訝的是，那些後悔成為母親的女性，在家裡、在家庭成員之間、在朋友當中、甚至在工作場所，往往都對自己的感受三緘其口、充滿恐懼，不敢說出來。

說出來——或保持沉默

我在二〇一一年三月與提爾紗碰面，她打電話給我，問我是否仍在為了研究而繼續尋找訪談對象。她在一份以色列發行的報紙上看到這件事，而她有興趣參與。

幾天後我去她家拜訪她，她獨自住在以色列中心的一座小鎮中，她的孩子已經不住在那裡了——他們在三十幾歲的時候就自立門戶——而且她的孩子也已經為人父母，提爾紗已經五十七歲了，她有兩個孫子。

我們在她的廚房進行訪談，而事實上，我們從那之後就一直在討論這件事。她一開始告訴我的其中一件事情是她在一家醫院裡工作，她在我們的談話過程中幾次提到這件事，她試著和她的同事談到她後悔成為母親，但沒有一個人願意聽：

提爾紗

擁有兩個介於三十歲到四十歲的孩子，已經當了祖母。

提爾紗：我總是被嬰兒、父母、人工生殖治療所包圍，所以我知道有很多女性跟我有一樣的想法，但她們甚至不敢對自己坦白，更別說對身邊親近的人說出口了。我完全理解這有多困難，我自己也很難做到。要剝除那些「育兒很浪漫」的觀念真的很難，尤其當這些觀念背後還有整個社會與政治意識形態在撐腰的時候。

我工作的同事大多是醫生，他們根本無法理解我到底在說什麼、想要表達什麼。對他們來說，我就像一隻奇怪的鳥，不說我是變態什麼的都算客氣的了。沒錯，在他們眼裡我就是一隻怪鳥。只要我一開口談這個話題，哪怕只是一點點，他們馬上就避而遠之、立刻轉移話題，想辦法把我壓下去，否定我的想法。我的思考在我們這個部門根本沒有立足之地。我工作的這個部門本身就是在「生產」和鼓勵生育，而我的想法被一概否定。很可惜，因為大多數人根本不了解自己在做什麼，也不願意了解。就像鴕鳥把頭埋進沙裡，眼睛和耳朵都不想打開，只是憑著慣性一路向前走罷了。

直到今天，提爾紗還持續在她的工作環境談論她對母親的觀點，但沒有人理解，也沒有人想去理解。

參與本研究的其他女性也提到類似的感受，她們試圖和她們的配偶、朋友及其他家庭成員（如母親和姊妹）談論，或是在心理治療過程中談到這個話題：

布蘭達

有三個孩子，介於二十歲到二十五歲之間。

布蘭達：當我試著讓朋友知道我的感受時，馬上就被噤聲了。「妳有什麼資格講這種話？妳應該感恩妳所擁有的一切。」我心裡想，這真是當頭一棒。我低聲對自己說：「安靜一點，不然他們會把妳送去住院。」接受現況，繼續活在這場虛假的幸福裡，像其他人一樣戴上面具，繼續演下去。也許她們當中，有些人，甚至是全部，都正在經歷同樣的感受，但沒有人敢說出口。

而關於這一點，蘇菲亞則承受了更大的壓力。這樣的壓力甚至是來自她的家庭，她的另一半。

蘇菲雅

有二個兩個孩子，介於一歲到五歲之間。

蘇菲雅：我們現在正在看的心理師知道我會有這些幻想（想抹去母職的幻想），但我覺得她沒有太當一回事。（中略）我先生聽了就立刻慌了，他不希望我讓別人知道，他希望我一切正常，就跟其他人一樣。（中略）有一次我在一個媽媽的線上論壇發文，說了類似「我的人生已經結束了」這種話，結果馬上成了攻擊的對象。很多人聽到這樣的話覺得很難接受，反應非常激烈。那個論壇裡有很多正在懷孕的女性，她們被嚇到了，怕自己也會有同樣的感受，所以在我發完文後，立刻又開了一個新話題，是那種振奮人心的內容。

害怕被噤聲或害怕被指為異常，使得某些女性在接受訪談之前從來沒實際觸碰這個話題。而另一個導致她們自我強制消音的原因，是害怕破壞她們親人的人生——她們希望保護自己的摯愛，希望他們永不知情：

瑪雅

有兩個孩子，一個介於一歲到五歲，一個介於五歲到十歲，受訪時正懷著身孕。

瑪雅：我先生不知道，我的朋友也都不知道。我不想把這個負擔加在他身上。如果他知道了，那又怎樣？他只會覺得他有個不幸福的太太吧？我不需要這樣。他已經夠辛苦了，工作很累，生活也不容易，我不想再讓他多承擔什麼。所以這件事我選擇放在心裡，誰也沒說。

是否要坦白說出她們後悔當媽媽，以及該對誰說，這個問題在許多受訪者心中揮之不去。許多參與研究的女性表示，她們確實有對身邊的人談過這件事：

歐德拉

有一個介於一歲到五歲之間的孩子。

歐德拉：我的姊妹知道，她們非常清楚我很後悔，我曾經很明白地告訴其中一位姊妹說：「聽著，妳知道我的想法和感受，所以如果妳可以幫幫我——就幫我吧！」而她對我施以援手。（中略）她們能夠理解我。

巴莉

有一個介於一歲到五歲之間的孩子。

巴莉：我媽知道，我的另一半也知道。他們知道對我來說有多困難、有多痛苦。（同時一邊陪孩子玩、一邊對孩子說話）

我：那在比較不親近的圈子裡呢？

巴莉：他們不知道。

我：為什麼？

巴莉：很難承認。這被視為某種……這是羞恥，真的。我感到羞愧。

有幾位母親提到，對她們來說，最有效談論這件事的方式是用幽默的語氣，而不是直接說出「我後悔當媽媽」。她們透過自嘲或開玩笑來談論自己的困境，藉此避開羞辱的風險，也讓其他母親能夠參與傾訴，卻不必將其明確定義為「後悔」。有時，她們也會這樣對還沒有孩子的女性說，作為一種暗示或提醒：

夏洛特

有兩個孩子，一個介於十歲到十五歲，一個介於十五歲到二十歲之間。

夏洛特：當我在我的職場談這件事時，我的同事一開始都嚇了一跳，但後來他們都笑得很開心。因為他們知道我故意講得很誇張，這就是我應付這個的方式。而且我注意到，當我在跟人對談時，如果我亮出我所有的底牌，他們就會比較願意開誠布公地談論，突然間這件大家不敢言說的事情也變得沒那麼可怕了。（中略）所以我的策略是公開說出來，這樣的策略能保護我和我的孩子。

歐德拉

有一個介於一歲到五歲之間的孩子。

我：有什麼人是妳覺得可以放心談這件事的？

奧德莉雅：跟我一起上課的女孩們。她們年紀比較小，也很好奇，所以會問我，怎麼會有這樣的感受。她們不太能理解。

我：那妳都怎麼回答她們？

奧德莉雅：我會說，如果我當年就知道現在這些事，我可能就不會生小孩了。當她們在討論想不想要孩子的時候，我就會說：「等等，先不要急著決定。」這句話我常常掛在嘴邊。有時候我也會對別人稍微卸下心防，想說些什麼，但最後還是忍住，因為我知道還是不要跨過那條線比較好，妳懂的……

卡梅爾

有一個介於十五歲到二十歲之間的孩子。

卡梅爾：我會慎選談話的話題和對象，但我也不是真的在隱瞞這件事。這很有趣，每當我遇到一個不想當媽媽的人，我會馬上鼓勵她並告訴她那是個好選擇，我支持她，我認為她是正確的。

蘇菲雅

有兩個介於一歲到五歲之間的孩子。

蘇菲雅：我總是會先「探探風向」再決定要不要說。現在我可以很坦率地說，因為妳做這個訪談的目的本來就是這個，就算你心裡有什麼想法，你也不會對我說出來。而且妳不一樣，妳不是一個媽媽。如果妳是個媽媽，妳聽到這些話會立刻對號入座。對有孩子的人來說，聽到這些話是很有壓力的，妳懂嗎？

我不會對路人講這些。只有在我確定「這個人可以講」的時候，我才會說，而當我說出口後，有些人也會把這當作普通的意見接受，還會跟我聊起他們沒有生小孩的親戚。我通常會在我先生不在的時候講，因為他不喜歡我談這些。我能理解他，如果今天我是那個很享受跟孩子相處的人，而另一半說他不想要孩子——對我來說也會很難接受。

在我採訪提爾紗的幾星期後，她給我寫了一封詳盡的長信。我讀著她長達八頁的手稿，提爾紗試著釐清更多她想在訪談時分享、卻沒能說出口的其他想法。

「在我努力寫信給妳（或者更確切地說，是試著整理腦中的想法）、解釋我對生下兩個孩子所感到的後悔時，我發現文字會減弱、淡化、甚至推開那些令我痛苦的真相。但除了透過語言，我似乎沒有別的溝通方式（當然沒有。還是說其實有呢？也許可以用跳舞來表達？）而正是這些語言，讓那原本無法承受的代價，變得稍微可以承受一點了。」

這些話語試圖為某種本身就可能令人痛苦、而且在社會眼中被視為危險的情感立場尋找一種可以因應的方式；而當這樣的情感牽涉到是否與孩子討論時，情緒的張力會更加強烈。

妳的孩子知道這件事嗎？

在過去八年我針對後悔的母親進行研究的過程中，人們反覆問我一個問題：那些母親會不會把這些感受告訴自己的孩子？正如我們將看到的，這個問題的答案遠比

「有／沒有」更為複雜。不過，讓我感到最有趣的是，我意識到提問者其實幾乎總是渴望聽到一個否定的答案——也就是母親不會在家中談論這件事，因為談論這件事被視為萬惡之最，是壞媽媽的最終鐵證，有時甚至比「後悔當媽媽」本身還要嚴重。

人們心中浮現的，往往是一種單一且強勢的劇本：一位母親因為自己的自私需求，滿眼怨恨地對孩子咆哮，說自己後悔生下他們、是他們毀了自己的人生，卻完全不考慮這樣的言語會如何影響孩子或親子關係。

這樣的劇本，在以下這句憂慮的評論中清晰可見：

「沒有任何人該從他的媽媽口中聽到自己是『不想要的孩子』。這是殘酷、不公平、甚至不人道的。」[5]

這樣的劇本，確實可能在某些現實中發生。一位自己的母親後悔當媽媽的女兒，便深刻地寫下了自己的感受：

「要在孩子面前、在他們出生之後，將他們的存在當作一種責備來說出口，這並不容易。這不僅需要勇氣，還需要某種程度的情感冷漠——就像某些人格障礙中所見的那樣。我祈禱這些孩子永遠不會親耳聽見他們的母親是如何談論他們的存在，但我確信他們都能感受到：他們是不被想要的，他們不該來到這個世界，他們不該活著，這樣媽媽才會好過一些。

（中略）我就是這樣一位母親的孩子。從我還年幼的時候開始，她就將自己無法實現的人生歸咎於我，她對我怒吼：『要不是妳，我的人生會完全不一樣，我會很幸福。』那一刻，我整個人幾乎昏厥，也因此在肩上背負了一個至今仍在努力卸下的重擔。我花了很長的時間才明白，我的母親究竟有多受傷、多無助，才會有那樣的感受。當她成為「我」的那一刻，我才真正理解，她當年是多麼不成熟……」6

我不能也不願忽視這個痛苦的女兒的陳述，她需要承擔來自母親的責難，而且這不是她的錯，她的聲音必須被世人清楚地聽見。然而母親和孩子們間不同世代的關係也存在其他各種可能性，例如我們可以在另一位有著後悔母親的女兒的敘述中看到：

「當我大約十二歲的時候，我媽媽告訴我她後悔生了我。『我希望你在成為母親之前，能好好想清楚。』那是一個溫暖的夏日早晨，她這麼對我說。『如果人生可以重來一次，我不確定我是否還會選擇要孩子。』好痛。

那年我十二歲，她的話像針一樣刺進我心裡。我完全不明白她為什麼這麼說。難道她真的希望我沒出生過嗎？直到二十年後的今天，我自己已經是三個孩子的媽媽，我才終於明白她的意思。那並不表示她不愛我，那並不是說她希望她不要生下我，那是因為她明白為人母親意味著：她的人生不再完全屬於她自己了。」7

在這種糾結於「要不要說出口」的細膩情境中，母親們可能會迷失方向，情緒上感到困惑，原因遠遠不只是因為想把責任推給孩子，或是沒有顧慮到孩子的感受。

英國裔澳洲學者莎拉・艾哈邁德（Sara Ahmed）將在社會及情感上迷失的經驗，比擬為進入一個黑暗的房間或是在房間裡面蒙上眼睛：如果這個房間我們曾經來過，環境對我們熟悉，那麼即使伸手摸索，我們仍可以靠著記憶中的物品辨認方向、找出自己在哪裡。然而如果這個房間完全陌生，我們所摸索到的物品就無法幫助我們判斷方位，不清楚自己正面對什麼，就會感到不確定、不知道該往哪裡走。她進一步指出，這些「迷失方向」的時刻，其實是非常重要的，因為正是在這些偏離常規的時候，我們才會開始懷疑那條被視為理所當然、筆直前進的「人生直線」。這樣的迷失感可能揭示出：原來我們一直以來所站立的地面其實並不穩固；而正是這些時刻，讓我們的想像能夠開啟另一種可能性。[8]

對那些在為人母的經驗中夾帶著悔意、但又想「做對的事」的女性來說，由於社會上沒有任何明確指引可以依循，她們往往陷入孤單與無依，就像走進了黑暗的房間，沒有方向，只能摸索前行。她們只好試探性地尋找一條屬於自己的道路，在根本沒有劇本的情況下演出自己的角色。正如我們將要看到的，本研究中的每一位母親都試圖在「要不要說出後悔」的掙扎中，走出一條屬於自己的路——有的人選擇直接表達，有的人則透過提及為人母的困難、不值得，或是表達自己其實從一開始就不想成為母親或家長，來間接傳達自己的悔意。

保持沉默，是為了保護孩子和自己

對本研究中的一些母親而言，不對孩子談論自己成為母親的經歷與後悔之情，是出於一種三重願望：保護孩子、保護與孩子之間的連結，以及保護她們自己。

蘇菲雅

有兩個介於一歲到五歲之間的孩子。

蘇菲雅：為什麼我沒有參與那個論壇*？很多次我差一點就要留言了，但……我很害怕孩子長大後會在那個論壇上看到。這真的讓我很害怕。當然，我可以用假名，但我害怕他們會發現我當初不想要他們。當然他們知道，孩子什麼都知道。他們能讀懂我的心，我經歷什麼，他們也一起感受到。他們對這些事非常敏感。但我真的不希望他們實際看到那些話。老實說，如果我沒有小孩，我現在大概已經寫了一本不得了的書、每個報紙都刊登我的文章——我一定會公開談論這個現象。但我真的很害怕會傷害到孩子。

布蘭達

有三個介於二十歲到二十五歲之間的孩子。

布蘭達：（對於我要引述她的回答）我完全不介意妳怎麼引用我的話，只要我們簽一份協議，保證我的個人資料會真正保密。（中略）我不希望我的孩子們有一天讀到：如果媽媽當初可以選擇，她一個都不會生，而且事後也後悔了——就算只是因為他們這些年來基本上一直沒有父親陪伴。妳能想像那樣的情況嗎？爸爸已經轉身離開他們，而媽媽又好像從來不想要他們？他們會有什麼感受？

＊以色列的網路論壇「不想生小孩的女人」。

卡梅爾

有一個介於十五歲到二十歲之間的孩子。

我：妳身邊的任何人知道妳後悔了嗎？妳的家人知道嗎？

卡梅爾：嗯……他們可能知道，因為我曾經幾次脫口而出，但我不跟他們談這件事情。其他很多人知道，老實說我沒有隱瞞這件事，我會小心選擇坦白的對象，可是我不曾真正去隱瞞這件事。這很有趣，當我聽到有人說她後悔，我會上前鼓勵她，我會告訴她：「好，這樣真的很好，繼續堅持下去吧！」這真的很有趣，我跳出來鼓勵她。

我：妳是指其他不想要孩子的人嗎？

卡梅爾：是的。

我：妳怎麼說？

卡梅爾：「這樣很好，我跟妳同陣線。」

我：妳有跟艾多（卡梅爾的兒子）談過這回事嗎？

卡梅爾：不，不，沒有意義。我確實有跟他說過我很慶幸沒有再生更多孩子。但我沒跟他說過，嗯……我可能有提過說，以現在以色列的情況來看，我不會想要生小孩之類的話，但我沒有明說，也不會說。說這個幹嘛？沒必要，真的沒必要。

當我詢問她們究竟是為了保護誰而保持沉默時，另一個重要的問題也隨之浮現——她們想讓孩子免於面對什麼樣的傷害？像蘇菲雅、布蘭達和卡梅爾這樣的一些母親已經決定，無論是暫時的還是永久地，她們都不會與孩子談論自己的母職經驗及對成為母親的後悔。這樣的沉默，是為了保護孩子不去得知一個她們認為會造成傷害、破壞性的訊息，也因此被視為多餘、不必要的知情。

她們之所以希望保持沉默，是基於一個假設：在孩子面前，人們往往很難清楚區分「**後悔成為母親**」與「**後悔有了這個孩子**」；「**後悔進入母職**」與「**愛不愛這個孩子**」；以及「母職未必像社會告訴我們的那樣值得犧牲一切」與「我後悔生了你」。

如果在與孩子談論時無法妥善釐清這些差異，那麼「我後悔當了母親」這句話在孩子心中就可能直接等同於「我後悔生了你」，進而讓孩子覺得自己是不被想要的、不該存在於這個世界上。此外，這樣的認知還可能導致孩子陷入罪惡感與恐懼之中，認為是自己的性格或行為引發了母親這樣的情緒，而不是理解其實母親所後悔的是進入母職、而不是他們這個人本身。

但即使不談這些內疚或人格發展的後果，孩子們仍可能長期懷抱著一種潛在的感覺——自己帶給了母親痛苦，是破壞了母親人生的根源。這樣的複雜情緒會導致母親擔心與孩子的關係會因此崩解。即使她們不認為「母職」這個角色本身有什麼價值，但與孩子之間的連結對她們來說仍可能極其珍貴。

母親與孩子之間的關係常常是建立在一種「知識不對等」的基礎上：社會期待母親要對孩子的情緒與需求瞭若指掌；但根據所謂的「不相干法則」（laws of irrelevance）[9]，社會卻常常認為去了解母親的情緒世界、作為一個人的洞見與渴望，是一種沉重的負擔，應該儘量避免。正如卡梅爾所說：「沒有必要。」在我們的文化中，「母親」很難被視為一個獨立於母職角色之外的人，她們的存在從一開始就被設計為以孩子為中心；而母親本身的需要與願望則被排除在視野之外。

對卡梅爾來說，「後悔當媽媽」是一件可以在公共場域中談論的事，但在家裡就不是了。因此，像她這樣的母親往往會在內心劃出兩個界線分明的領域：「私領域」裡保持沉默，「公領域」中才開口說話；在家中，她們努力讓自己完全符合孩子的需求，即使這些孩子早已是青少年，甚至是成年人。

除了為了保護孩子和維繫母子關係之外，選擇對這份後悔保持沉默，對母親來說還有另一層保護對象——那就是保護**她們自己**：

提爾紗

有兩個介於三十歲到四十歲之間的孩子，已經當上祖母。

提爾紗：要對我兒子開口說：「對不起，我想我當初犯了錯，我不該生你，我不想當媽媽，這件事讓我沒興趣、覺得無聊，剝奪了我的人生、讓我這裡不順、那裡難受」——真的很難。但事實就是如此。而且，事實就是我們沒辦法回到過去。
我沒有跟孩子們談過這些，我很確定他們能感覺得到。很多時候我都會想，也許我臨終之前得寫封信，但這是個兩難——寫來幹嘛？要寫什麼？跟他們說對不起，我不是個好媽媽，我沒給他們足夠的愛，總是在克制、沒有耐性、對他們說的話提不起興趣，對那些遊戲和童謠也從來不投入嗎？

提爾紗進退維谷，一方面認為與孩子談論她對母職的後悔是多餘的，另一方面又猶豫是否該開誠布公，讓孩子真正認識她。她目前仍遊走在隱瞞與坦承之間，刻意閃避孩子那可能帶有評斷意味的目光——那種將她與「理想母親」相比、並可能視她為「壞媽媽」的目光。選擇停留在這種曖昧不明的狀態中，使她得以保有某種遮蔽與保護，她行使了「保持緘默的權利」，作為一種自我防衛的方式。

不同於把談論後悔視為坦承自己是「壞媽媽」的提爾紗，卡梅爾則劃分得更為清楚：她能夠區辨「後悔當媽媽」這件事，與她對於自己母職表現的看法，以及她與兒子之間關係的價值，兩者並不相等：

卡梅爾

有一個介於十五歲到二十歲之間的孩子

卡梅爾：我現在很清楚知道，我當初根本就不應該當媽媽。不是因為我沒盡到責任，或是我表現不好，完全不是這樣。我是一位很棒的媽媽，這點艾多隨時都會為我作證。

因此，對那些在研究中認為自己符合「好媽媽」標準的女性來說，她們之所以在孩子面前保持沉默，是因為要保護自己不被強制標記為「壞媽媽」，被貼上「不適任」的標籤，而這樣的標籤是建立在這個假設上——後悔是糟糕的情感態度，而且這樣的態度必然反映出母親的行為不當。

不同於這些決定不談論後悔的母親，其他母親也可能為了**同樣的理由**——保護——而做出不同的決定。換句話說，母親可能為了保護孩子而對自己的後悔保持緘默，但同樣的，母親也可能為了保護孩子而選擇跟孩子們談論自己的後悔。

說出來，也是為了保護孩子——「因為有責任讓他們知道」

蘇西

有兩個介於十五歲到二十歲之間的孩子。

蘇西：妳想他們能自在地接受我的觀點嗎？因為我跟他們談論了我的後悔。

我：妳是怎麼告訴他們的？

蘇西：我說如果……嗯我記不清楚了，這星期我女兒問我……嗯……「如果妳可以讓時間倒流，妳會選擇不要小孩嗎？」我回答她我會。（中略）我說我會，結果現在我晚上都睡不著，焦慮得要發瘋了。

我：妳為什麼焦慮呢？是因為妳擔心孩子往後會告訴妳她不想要孩子嗎？

蘇西：我告訴他們生小孩不是必要選項。

德布拉

有兩個介於十歲到十五歲之間的孩子。

我：妳覺得有一天妳會跟孩子談這件事嗎？

德布拉：某種程度上我已經有跟他們談了。我不可能跑去跟他們說「我後悔生下你們」，因為我認為沒有任何孩子該聽到這種話。但我會說，特別是對我大女兒，我會說我從來不想當媽媽。這件事她知道，是我親口告訴她的。有時候她也會反過來丟給我：「喔，妳根本不愛我，妳根本不想要小孩。」我會跟她說：「沒錯，我的確從來不想要小孩，但我有了妳，而我非常非常愛妳。這兩件事是完全分開的，等妳長大了，妳可以自己做選擇。」

羅絲

有兩個孩子，一個介於五歲到十歲，一個介於十歲到十五歲之間。

羅絲：在時機恰當時，我很確定我要跟孩子來一場「母子對談」——至少我想把我的想法和經驗傳給他們，告訴他們什麼是為人父母，也讓他們知道：不想當爸媽，其實也是一種很正當的選擇。

有些女性選擇與孩子談論自己的母職經驗以及對此的後悔，或者考慮將來這麼做，因為她們對「父母應該保護孩子」這個文化觀念有不同的理解。對她們而言，壓抑自己作為母親的真實感受，反而可能對孩子和自己都造成傷害。因此，為了同時保護自己和孩子，她們認為應該分享那些可能伴隨著母職而來的痛苦與掙扎，以及「當媽媽未必值得」這樣的想法。

茉莉

有一個介於一歲到五歲之間的孩子。

我：妳覺得自己有一天會跟孩子談妳的後悔嗎？

茉莉：跟謝依談嗎？我很確定我會跟他談這件事。我可以告訴妳，我讀了很多關於親職的書，是為了學習應對的方法，而這些書裡都說要學會「分享」。即使孩子才兩歲也一樣。所以我每天睡前和早上都會留幾分鐘給他，當作我們的分享時間。我會跟他說我的感受。（中略）我有一些懷孕時拍的超大張照片，非常美。我有一張是挺著大肚子的，我們就坐在我的房間裡，我跟他說：「謝依，你知道嗎？就在兩年前，我那時正在陣痛。」我開始跟他分享。雖然那場對話只有我一個人在說話，但他坐在那裡靜靜地聽著。我給他看我懷孕時的照片，告訴他那段時間我有什麼樣的情緒，生產有多辛苦，一開始我對他是什麼感受，以及後來因為他實在太迷人了，我是怎麼慢慢地學會愛他的。我真的會跟他談這些，而且我真心相信這樣做是對的。我媽以前也是這樣養我們長大的。她會跟我說一些我不一定想聽的話，但我覺得那些話形塑了今天的我，而這樣也沒什麼不好。我學會了不要一味討好。我不討好謝依，他是我的兒子，我不是他的朋友，我也不想成為他的朋友。（中略）我相信與孩子的關係不應只靠明確的界線，而是應該建立在開誠布公之上。我真的相信這一點，雖然要真正落實並不容易。

瑪雅

有兩個孩子，一個介於一歲到五歲，一個介於五歲到十歲，受訪時懷著身孕。

瑪雅：其實我常常想，也常常告訴自己，等我女兒長大以後——我會跟她談談這些事。雖然話說回來，我們永遠無法預測未來。她可能會想生小孩，也可能真的成為母親，而且一切都很順利。但我知道，如果她生了孩子之後卻感受到跟我一樣的後悔——那對我來說會是最深的失敗。我會知道自己真的搞砸了。如果她像我現在這樣，背負著這樣的心情過一輩子，那就

代表我在人生中最重要的關卡，徹底失敗了。

在這些憂心忡忡的話語中，瑪雅指出了一種對女兒的特別責任——一種往往未被思考的責任：「為孩子的人生做準備」是為人父母的核心本質之一。社會期待父母教導子女「世界如何運作」，讓他們得以參與其中、被社會接納並找到自己的歸屬。

這種引導通常是透過教孩子重複他人已經走過的路，包括那些對父母來說曾經奏效的選擇。但從另一個角度來看，為人生做準備也可以是完全相反的方向——引導孩子不要重蹈父母的錯誤。

在生活的其他領域，當父母希望孩子避免受傷、提醒他們謹慎，這種行為是被理解甚至讚揚的：「當心！走另一條路吧！」但唯獨在婚姻與育兒這方面，即便父母對自己的失敗或離婚、親子疏離等感到深深失望，大多數父母依然會引導孩子走向伴侶關係與成家育兒。不只是出於愛，更是因為一種普遍的社會假設——這就是我們必須遵循的「自然人生道路」。在這種觀念下，生育的傳統一代代傳承下來，社會鼓勵我們自然地從一個人生階段邁向下一個。根據這種假設，所有的男孩和女孩都會朝同樣的方向「成長」，最終走向婚姻與育兒，即便他們其實不想這麼做。

相對於這種假設，酷兒理論主張童年本身就是一段多元經驗，孩子並不是沿著筆直線性路徑「成長」，而是以「側向」的方式成長：幼童在玩耍與身體探索中毫不羞怯，會天馬行空地想像自己成為消防員、太空人或環遊世界的旅行者，對他們而言一切皆有可能。而青少年——即使在同儕壓力下常常羞於與眾不同——仍常對「世界如何運作」提出種種疑問。[10]

也正因為孩子並不會自然朝某個方向發展，社會才會認為他們需要被「導正」，走向「正確」的成長方向：「如果我們的慾望、性取向與存在方式本就合乎主流與異性戀規範，那麼父母就不需要這麼嚴格地引導我們去走向共同的命運——結婚、生子與異性戀再生產。」[11]

換句話說，「孩子需要被積極引導與推向那條筆直道路」的這項假設，正好證明他們是脫序的、超出時間軌道的存在，因此讓他們走向眼前這些「安排好」的選項顯得特別重要。這也代表，孩子們只能從身邊的有限選項中挑選——他們只會偏好那些「夠靠近」的選項，也就是我們大人放在他們面前的各種性別表現、性別認同、性傾向、婚姻、生育與育兒之路。[12]

與此相反，有些母親可能會拒絕——或至少考慮拒絕——在下一代身上重複這條「筆直道路」，她們採取的是不同的代際對話方式：就如瑪雅所說，她希望保護孩子不要重複自己的錯誤。於是，透過談論為人父母或為人母親可能帶來的影響，尤其是關於「後悔」這件事，這些母親將另一種選擇擺在子女面前：一條不同於異性戀規範與母職推崇文化的道路。

德布拉

有兩個介於十歲到十五歲之間的孩子。

德布拉：當我女兒在聊這些事的時候，她確實會說未來可能會交男朋友。至於孩子，她說的是「如果我有孩子或孫子的話，那就……」我很喜歡她說「如果」。我覺得這也是我身為一個好父母的證明——我讓我的孩子有權利、有能力去思考事情、去消化，然後自己做決定。我認為，這是一份每個人都應該給身邊人的禮物，尤其是給孩子。所以如果這才是最重要的話——那我會說，我是世界上最棒的媽媽，在我自己的價值觀裡。我真的很喜歡女兒在跟我討論這些話題時，願意對那些看起來理所當然、好像非做不可的事，保留一個問號。我很喜歡這一點。而且妳知道嗎？如果把這延伸到未來，我甚至不期待自己會有孫子。

提爾紗

有兩個介於三十歲到四十歲之間的孩子，已經當上祖母。

提爾紗：這聽起來可能有點奇怪，但在我媳婦生下他們第一個孩子之前，我送了她一本書——《女性所生》（Of Woman Born）。我希望她能讀一讀。我不確定她後來有沒有真的看那本書。我送她這本書的時候，心裡想的是：我想傳達給她一些訊息——關於母職是什麼、孩子是什麼、為人父母、成為母親背後的政治是什麼。還有，她這一生將為此付出什麼代價。

除了透過送書來傳達訊息之外，提爾紗在接受訪問的當下，以及直到今天，仍未決定是否該直接向孩子談論她身為母親的經驗以及她對此的後悔。她在訪談之後寄給我的信中，仍然在思索一件事：是否一定要遵循社會所規定的唯一道路。

提爾紗的信

我們既然已經生了孩子（尤其是女人），就必須教育他們：將那些被視為神聖不可侵犯的信念——也就是我們自小被灌輸的「價值」、「意識形態」與「自我辯解」——通通砍下來，是一件重要且必要的事。我們要檢視自己在哪些時候不自覺地落入了刻板印象與從眾的陷阱，在哪些時候欺騙自己、對孩子和孫子隱瞞真相。我們要像外科醫生那樣精準地檢查那些聽起來早已「正常」、「自然」的委婉語，例如「孩子是祝福」、「血濃於水」或「家庭至上」這些訊息。如果我們不謹慎、沒有察覺這些委婉語的破壞力，它們就會變成我們社會與文化的DNA，我們也會因此深信：人生就是應該如此，永遠如此。

表達對生小孩的後悔，並不是罪。真正的罪，是我們對自己與那些我們生下來的孩子隱瞞真相。真正的罪，是我們帶著無法說出口、無法寫下、無法揭露的祕密死去，把它傳給下一代。

因此，提爾紗描繪出一種替代性的跨世代傳承觀點：在這樣的觀點裡，父母的責任之一，就是要讓孩子接觸那些不一定會把他們導向「那條筆直道路」的生命經驗。然而，如果她真的向孩子揭露另一種對自己的形象，會對孩子、對她自己，以及她與孩子之間的關係產生什麼影響，目前仍是未知數，也讓她陷入對未來該走哪一條路的深思：

提爾紗的信

我實在找不到什麼充分的理由，說服自己非寫這些不可，但我想我應該要寫。也許我會寫吧。我還在掙扎——他們是否有必要知道我是誰、我是什麼樣的人、我怎麼想、我對母職、對父母身分、對孩子的態度為何……這一切。

仔細斟酌是否要維持現狀還是打破沉默，是母親們反覆思索的過程，她們不斷評估說與不說可能帶來的後果。儘管許多母親會出於多重保護的考量選擇保持沉默，但不說出口的代價可能非常高昂：[13]在她們與自己的內在之間，為了繼續走在「好母親」的狹窄路徑上，這些母親往往被期待去建構一種避開自身經驗、過濾真實感受的敘事方式，只呈現出社會認可的版本，好讓她們看起來像是有道德的女人與母親。她們被要求只表達那些能夠引起同情、被讚賞的部分，而那些無法納入主流敘事、不合於體制規範的片段則必須被拋棄、過濾、排除。

這種透過沉默來保護孩子不受母親自身故事與感受影響的作法並不罕見。無論是通俗或學術文獻，都指出在許多情況下，母親無法從自身視角說故事，一方面是因為缺乏語言，另一方面是因為她們很難想像，在現實處境中如何說出真實而不會傷害孩子，或破壞母子關係。正如散文集《為什麼是孩子們？》中的編輯所說，他們找到了一些對母職感到不滿的母親，但那些母親無法提筆書寫，因為她們擔心如果坦承自己有多麼不喜歡當媽媽，會讓孩子受到傷害。而那些在違背自身意願下成為母親的女性呢？同樣地，她們也「不太有立場抱怨」，因為一旦開口，就可能傷害到孩子，讓孩子知道自己原來是「不被想要的」。[14]

在這種情境下，我們很難找到哪位母親身上完全沒有違反某種「好媽媽」定義的想法、情緒或行為。即使母親們願意說，也常被迫在真實經驗與可接受的社會形象之間掙扎、權衡。[15]

在她們與孩子之間，這樣的沉默仍然是有代價的：當母親因為這樣的經驗被視為「不可說」，而無法與孩子分享，孩子們便無法接觸到母親重要而深刻的一部分。他們無從得知「成為母親」可能只是社會文化期待的產物，而不必然是一條來自本能或自然的道路；母親們若選擇不說，也就錯失了建立更多元家庭關係的可能。16

為了保護孩子，母親們可能會選擇將自己的故事「收納包裝」，使之符合社會的期待。然而這樣一來，也可能讓孩子失去了認識「母親作為一個完整的人」的機會——一個會思考、懷疑、判斷、渴望、夢想、哀傷、決定的個體。正如法國哲學家路思・伊瑞葛來（Luce Irigaray）所寫：「妳望向鏡中的自己，很快妳就看到母親，也看到女兒，一個母親。在這之間，妳是誰？妳的空間在哪裡？哪個面貌才是真正的妳？妳該如何越過那些面具，讓自己的真實面孔顯露出來？」17

所以，即使如蘇菲雅所說：「孩子知道一切」，或如提爾紗所言：「我沒對我的孩子說過，但我確信他們能感覺得到」，孩子們大多數時候還是無法直接聽見關於她們母親成為母親的方式、原因、處境，以及那些主觀且複雜的母職經驗。

在母親與整個社會之間，代價同樣沉重：如果母親們無法毫無保留地訴說自己的故事，那我們將永遠無法拼湊出對母職經驗的完整理解。這表示，當女性壓抑自己對母職的真實回應時，她們其實也被剝奪了成為自己經驗與知識「主體」的權利。

那麼，母親的責任與權利應該是什麼模樣？她們對孩子的承諾是什麼？對自己的承諾又是什麼？對彼此未來的承諾又該如何實踐？這些未來都是不可預測、無法掌控的，因此每一位母親都必須找到自己的方式，來回應這些難以回避的問題：她是否要將自己的後悔經驗告訴孩子？她是否選擇沉默，溫柔地成為一位陪伴者？或者她是否選擇說出口，選擇述說？

這些提問與各種回應，如同一條軸線，連結著母親們試圖改善女性、女孩與男孩真實生活的渴望——這個渴望將持續存在，也會不斷向前推進。

Chapter
6 從後悔裡，重新看見母親的樣子

「無法挽回的事，就只能順其自然；覆水難收。」

—— 馬克白夫人，出自《馬克白》

馬克白夫人這麼說，但我不這麼認為。事情並非就此結束，而母親的苦難——在這裡——更不該被視而不見。所謂的社會補救措施，部分就包括持續去傾聽「後悔當媽媽」這種經驗所帶來的深遠意涵。因為，事情是這樣的：每當一種替代性的思維進入人們的生命，它所揭示的，不只是那個替代方案本身，而是我們原本習以為常、從未質疑的既有觀念。我們所倚賴的那些看似理所當然的想法，其實往往根深蒂固，難以察覺。

「後悔當媽媽」正是這樣一面鏡子。它不只是關乎那些母親個人與過去之間的連結，它也提醒我們，要理解社會觀念與制度，就必須勇敢回頭看。這樣的回望，是一種定位，是一種讓我們看清當下與過往關係的方式。畢竟，若我們被要求不要回頭看，這種要求本身就可能是一種社會控制的手段。[1]若沒有與過去的連結，我們將無法想像改變，也不會去追求改變。「我們必須知道自己身在何處，才能想像另一種生活方式；而我們必須先想像另一種生活，才有可能抵達那裡。」[2]

所以，儘管後悔像是一位小仙子，指向「回到沒當媽媽的自己」這個終點，但它在旅途中途經了各種母職的景象，也讓所有女性或母親有機會選擇加入或離開這段旅程。因此，當參與研究的女性說出她們在母職中的艱難時，她們沒有再說「但我還是很愛我的孩子」這樣的轉折語句，而是為我們打開了一扇門，讓我們得以重新思考一些長期被忽略的問題，例如：「母職的滿意度是否僅取決於條件？」、「如果我們把母職視為一段人際關係，而不是一種社會角色，會有什麼不同？」

這項探索，從一個簡短的概述開始，回顧各類研究是如何關注不同社會群體中母親的福祉。

對母親伸出援手：是幫助，還是壓力？

自一九八〇年代以來，許多研究者開始關注母親在不同的國族、族裔、性別、經濟與健康脈絡下，如何與子女維繫關係，並試圖藉此衡量全球女性的福祉狀況。例如，國際兒童救助組織（Save the Children）每年都會發布一份「母親指數」（Mothers' Index），其評估依據包括五項指標：母親的死亡率、五歲以下兒童的死亡率、平均受教育年限、人均收入，以及女性在政府部門的參與程度。在二〇一五年的報告中，針對一百七十九個國家進行評比，結果顯示富裕國家與貧困國家間存在巨大差異，排名前十的國家皆獲得高度評價，其中挪威居首、德國名列第八。該組織負責人卡羅琳・邁耶斯（Carolyn Meyers）指出，這項結果顯示經濟福利固然重要，但並非唯一關鍵；若要改善母親的日常處境——她們面對的責任日益沉重、資源卻日益縮減——就必須透過政策層面的投入來因應。[3]

除了此類跨國數據分析之外，許多女性主義學者也開始關注西方社會中不同社會群體母親的福祉，建立一套不遺漏邊緣母職者的知識體系，像是低收入、單親、非白人、移工、移民、身心障礙者，或非異性戀的母親。[4]這類研究的目的之一，是揭示性別與社會階級間的結構性關聯——也就是「貧窮女性化」現象。[5]研究顯示，在幾乎所有社會中，女性的貧窮率都高於男性，這主要源於性別工資差距，以及各項社會福利政策未能有效縮減該差距。此外，也有研究指出，單親媽媽與其子女更容易陷入貧困之中，相較於單親父親，女性單親者面臨的經濟困境與社會脆弱性更為嚴峻。[6]

這些研究不只是記錄母職經驗，更強調：若要減輕母親的困境，社會與政策層面的改革是刻不容緩的。這包括重新劃分照顧工作的性別角色，促進父親的育兒參與，打破以母親與子女為核心的二元架構；提供稅賦減免、可負擔的住房，以及政府補助的公共托育資源。同時，也必須改變母職的社會觀感：一方面不再讓它邊緣化，另一方面打破對母親的神聖化迷思。只有當母親被視為具有需求與感受的真實人類，而非理想化的「地上神祇」，她們才能真正獲得支持自己與孩子所需的資源。

這些深入調查中，一個最常見的焦點是所謂的「角色衝突」——也就是女性在有償工作與家庭照顧之間的拉扯。

尤其是從中產階級白人女性大規模進入職場後，這樣的衝突獲得更多關注。然而對許多來自弱勢社群的女性來說，這並非新鮮議題。歷史上，來自較低社經地位、非白人、共產或社會主義體制的女性，長期都在兼顧外出工作與家庭母職。在針對南方非裔美國女性、西南墨西哥裔女性，以及加州與夏威夷日裔女性的勞動史研究中，會發現這些女性常被視為廉價勞力——特別是作為白人家庭的家務雇傭或機構中基層服務業者——其經濟價值往往被置於其母職價值之上。因此，她們既不被期待、也無法成為全職母親，甚至無法懷抱擁有私人避風港的幻想。她們必須不斷在「公領域」與「私領域」間來回奔波，因為為家庭提供經濟支持，也是她們母職角色的一部分。[7]

然而，即使隨著越來越多女性進入有償勞動市場，「角色衝突」獲得了更多重視，且部分西方國家——有些比其他國家更積極——試圖提供足夠的托育資源與家庭財務支持，仍有許多女性僅獲得些微的緩解。反之，愈來愈多女性被社會施壓，必須同時兼顧事業與育兒，還要證明自己是「好媽媽」，這種多重要求造成了前所未有的壓力與困境。正如一位德國媽媽所描述的：「我在家時，幾乎總是得接收辦公室的電子郵件；而當我在辦公室時，又會因為沒辦法去參加幼兒園的媽媽早餐活動而感到懊惱。」[8]

在德國，社會、經濟與政治整體上鼓勵更多女性投入職場、發展事業，同時也期望她們成為全職母親。她們被要求在工作上表現出色，在家庭中盡責照顧，而這種對「全能母職」的期待，其根源可追溯至宗教改革時期的性別規範：理想的基督信仰女性，是一位妻子，也是母親。到了二十一世紀初，職業婦女的形象也被納入這套理想典範中。這使得來自不同背景的母親，即使「需要」或「想要」工作，卻也不得不在「超級職業女性」與「超級媽媽」這兩種矛盾的社會角色之間來回掙扎。她們一方面要管理工時與排程，在家中無償工作、在職場上維持表現，同時還得應對因此而來的情緒與身心壓力。[9]由於家務與育兒仍未能在性別間平均分擔，加上「兩者都兼顧」實際上常是難以實現的任務，許多女性不得不選擇兼職工作，並承受未來退休金較低等後果；也有人選擇成為全職母親，或甚至直接放棄生育。

這樣的困境並非德國獨有。根據歐盟調查，二〇一三年時，歐洲二十五至四十九歲的女性中，只有六十八%的母親從事有償工作，而沒有孩子的女性中則有七十七%就業。相比之下，八十七%的父親投入職場，而沒有家庭的男性中則有七十八%就業。德國的數據更為突出：高達九十三%的父親就業，是全歐洲比例最高的國家。值得注意的是，在德國，雖然有償工作的母親比例（七十三%）高於歐洲平均，但其中有六十六%為兼職工作者；而只有六%的德國父親從事兼職工作。[10]

儘管上述這些研究對無數母親而言至關重要且極具價值，幾位女性主義學者也指出：在這些討論之下，時常潛藏著一種根深蒂固的觀點——也就是對於「女性本質」的預設，認為有一種「天然」的母職行為，存在於社會結構之外；只要把女性從社會負擔中解放出來，她們就會自然而然地成為好母親。[11]例如南西・科多洛（Nancy Chodorow）和蘇珊・肯查托（Susan Contratto）提到的：「女性主義者雖然對現實中的種種限制提出質疑，例如男性主導地位、婚姻不平等以及資源與支持的匱乏，否定了所謂『當下完美母親』的可能性；但『理想母親』的幻想仍持續存在：彷彿只要消除了這些限制，母親就能憑直覺知道該怎麼當一位好媽媽。」[12]

美國女性主義作家及運動家貝爾・胡克斯（bell hooks）也沒放過這個：「不幸的是，當代某些女性主義者對母職的正面重新關注，仍然建立在性別刻板印象之上。

她們對母職的浪漫化，和十九世紀那些歌頌『家庭神聖』的男女並無二致。（中略）當女性主義者使用與性別歧視者相同的語彙，認為女性天生就是擁抱生命、具備撫育本能的人時，她們其實是在強化男性至上意識形態的核心要素。」[13]

換句話說，這些學者指出，主流觀點時常暗示所有女性「天生」具備一套適合成為母親的特質，只要排除不公義的社會條件，她們就能安然地適應母職。這種論述事實上也強化了「當媽媽是否值得」這個問題的預設前提——彷彿只要「條件對了」，母親自然就會覺得值得。這樣對「條件」與「滿足」之間過度簡化的分類，在美國社會學家芭芭拉・卡滋・羅斯曼（Barbara Katz Rothman）的話語中可以清楚看見。她坦承：「我可以享受母職的原因，是我付得起這份代價，從各個層面來說都是如此：我擁有中產階級的資源與環境，讓我不只勝任，而且喜愛母職。而且我並非獨自育兒，我與孩子的父親分擔責任，也有祖父母、朋友的幫助，甚至還能雇用幫手，每週幾個下午來家裡照顧孩子。（中略）像我這樣的女性——條件充裕者——可以負擔這份代價，也能非常享受當媽媽；但那些條件不佳的女性——貧困、年紀輕、教育程度低、處於少數族裔，或結合上述幾項特徵——則在母職中深受其苦。」[14]

在這種過於整齊劃一的分類架構下，我們或許會進一步問：如果女性獲得更多的家庭支持、社會福利，甚至經濟補助，那麼她們是否就不會後悔當母親？答案看似直接，也可能是「會的」：

「在一個理想世界裡，養育孩子的負擔應該不至於重到讓父母後悔。而且大多時候，是母親扛起了這些重擔。（中略）如果孩子由父母雙方、甚至整個社群共同照顧，那麼這份負荷（這裡指的是孩子）就會比較容易承受。」[15]

然而我們的研究卻表明了，答案遠遠比「是」還要來得更複雜多樣。

當媽媽的滿意度，只是條件問題嗎？

自信地假設後悔當媽媽的根源在於貧困，或者相反地，認為那「只是白人上層階級女性才會有的問題」[16]，這兩種說法都無法完全成立。本書所呈現的資料指出，參與研究的每一位女性都是在不同條件下撫養孩子：有些是嬰兒的母親，有些孩子已進入青少年期，還有些已經是成年子女的母親，甚至成了祖母。有些人在貧困中育兒，有些則處於經濟富裕的狀態。有些母親是孩子的主要照顧者，每天都在親力親為；有些則是父親為主照顧者，母親參與較少；還有些母親則是一週只見孩子幾天或偶爾見面，因為孩子跟父親住，或孩子已經獨立，在外地或國外生活。因此，儘管這些背景差異極大，後悔成為母親的情感卻跨越了這些不同的地理位置、條件與人生情境。

這樣的發現也許反映出：即使有些條件確實能減輕育兒的困難，但這並不表示母職中伴隨而來的艱辛，或當代社會對母親的種種僵化規訓，就能完全解釋母親所承受的痛苦或缺乏滿足感。如女性主義學者安德莉亞・歐萊禮（Andrea O'Reilly）回顧所指出的：「（前略）儘管我仍堅信父權體制下的母職會壓迫母親，但我現在不再認為——如我過去的寫作所暗示的那樣——母親所受的壓迫完全可歸因於母職這套制度／意識形態。母愛與母職勞動中的某些面向，即使不是壓迫性的，也仍然非常艱辛，不論這些經驗是發生在父權母職的體制之內、之外，還是對抗之中。賦權式的母職確實可以緩解大多數來自父權母職體制的困難，但它並無法完全消除所有困境。」[17]

確實如此，研究中的幾位母親也談到那些讓育兒更加艱難的條件，但她們並不認為只要改善這些條件，就能保證自己不會後悔當媽媽。她們各自指出對自己而言成為阻礙的條件，並共同呈現出三項關鍵因素：母職與離家工作之間的拉扯；缺乏穩定的經濟基礎；配偶或周遭環境缺乏支持系統。

桑妮

有四個孩子，兩個介於五歲到十歲，兩個介於十歲到十五歲之間。

桑妮：妳看，我有一些朋友在生完孩子之後，她們媽媽會來家裡住一個月幫忙，或者她們就乾脆回娘家住一陣子，至少有家人幫忙。那種情況真的完全不一樣。（中略）這是一連串的事實：我完全沒人幫助，孩子又是特殊兒童，然後我又發現我先生有一些很複雜的問題。也就是因為這樣我才跟他離婚，（中略）然後大部分的重擔就全落在我身上。也許，如果條件不同，我的情況也會不一樣。但既然現況就是這樣，一切都太極端了，一切都壓在我一個人身上，我就會問自己——該死，為什麼？為什麼是我？我憑什麼要承受這些？（中略）以我這種情況來說，養小孩簡直是最糟糕的事。如果我有個支持我的家庭、正常的另一半、足夠的錢——我猜應該就不會這麼難。就是這樣，差別真的很大。你看，都是因為我家本來就亂七八糟的。（中略）我聽說有些單親媽媽是自己決定要生小孩的，然後她們的家人就一起幫忙照顧。我完全無法想像一個人獨自帶小孩，那就跟直接跳下懸崖沒兩樣。

布蘭達

有三個孩子，介於二十歲到二十五歲之間。

布蘭達：當他們六歲時，我就已經一個人撫養他們了。讓我的人生變成地獄的，正是因為大多時候，我是唯一的經濟支柱。光是獨自養孩子這件事，就讓我掉進了貧窮的深淵，而這種貧窮，毫無疑問會一直跟著我直到死的那天。（）我得負責養孩子、白天打好幾份工，下班回來後還要忙到晚上十一點，還在整理、煮飯、打掃，等孩子終於上床睡覺後，我才准自己坐下來喝一杯咖啡。我甚至沒時間好好享受跟他們相處的時光。我也根本請不起人來幫忙。

桑妮和布蘭達當初是在伴侶關係中選擇成為母親的，但如今她們不是離婚就是分居了，變成了單親媽媽，家裡的經濟全靠她們一人撐起來，孩子的成長也主要是她們在照顧，即使孩子的父親可能還以某種形式存在於生活的背景中。

不過值得強調的是，在這種條件下養育孩子的母親，並不一定就會對後悔當媽媽，或是認為當母親本身就是壓迫。研究顯示，許多處在低收入、單親、非白人、非異性戀背景的母親，反而會在母職中找到力量，對抗各種結構性的壓迫。對她們來說，問題不在於「母職」本身，而是在於她們所處的生存條件，例如貧窮、種族歧視、恐同或性別歧視。[18]例如，以色列社工兼研究人員米哈爾・柯洛米尼沃（Michal Kromer-Nevo）針對生活在貧困中的女性進行研究，發現對這些面臨多重邊緣處境的女性來說，母職具有非常重要的意義。[19]有受訪者這麼說：

「我的孩子是我活著的唯一理由。（短暫沉默）是他們給了我力量，讓我

有動力去工作、去照顧他們。至少我還有可以照顧的人，而不是被照顧的那個。我需要照顧某個人。」[20]

然而，儘管身為母親對某些處於貧困中的單親媽媽來說可能是一種力量和慰藉的來源，參與本研究的單親媽媽們卻描繪出另一種圖像：她們像是在兩條戰線上同時奮戰。對她們而言，母職不但無法幫助她們度過貧窮或經濟困難，反而正是造成痛苦與折磨的來源，形成了一個殘酷的惡性循環。

換句話說，雖然有許多單親、獨自撐起家計的母親表示，孩子是她們的力量來源，是讓她們得以喘息並撐下去的理由——無論是為了自己或是為了孩子——但本研究中的這些母親則呈現出一種截然不同的情感狀態。她們的母職不是力量的來源，而是力量的消耗。

像蘇西這樣的母親，不僅覺得在有償工作與無償家務間疲於奔命破壞了她作為母親的角色，她甚至會認為，是「母職本身」打亂了她的生活。她們會希望徹底擺脫母職，因為她們渴望將自己的時間和資源投注在孩子以外的事物上。

蘇西

有兩個孩子，介於十五歲到二十歲之間。

蘇西：我熱愛我的工作。它是我人生中的第二摯愛，僅次於我女兒們。意思是，如果沒有我的女兒，工作就會是我最愛的，我現在花在她們身上的心力，原本全都會投入在工作上，而我敢肯定，那樣我會感受到更多的滿足——多得多。（中略）因為工作讓我充實，讓我感到有趣。我無法想像自己不工作直到八十歲，真的無法。反而恰恰相反，我想一直工作下去。

在母親們努力提供孩子基本需求、在艱困條件下求生存的同時，還常常得為了另一種原因（或者額外的壓力）努力掙扎——而這種原因常常要到事後才會顯現得更為清楚：也就是新自由主義與資本主義社會下對於「完美」的執著。這種觀念讓人誤以為世界上存在一種「正常的情境」，讓「正常的母職」可以在其中自然發生，因此母親應該不斷努力去達成這樣的狀態。這種觀念不只源自第二章所提到的那種高標準、要求極高的母職模式，也扎根於當代社會對「正常」的想像——這種想像成了來自不同社會背景的母親們之間的共同壓力來源。

「正常」、「常態」、「平均」、「不正常」、「偏差」這些詞彙，其實是在十九世紀中期才進入歐洲思想體系的，當時統計學才剛興起，同時社會也開始談論所謂的「一般人」（average person）的存在。在這之前，人們更常使用的概念是「理想」（ideal）。所謂的理想，是種神話般的存在，常被連結到神的身體，相對地，人類的身體則是「畸形的」。因此，理想的身體本來就不是凡人該擁有的，因為理想的本質就是不可觸及、不可能達到的。然而，當社會逐漸將「一般人」視為正確的範本後，「一般（平均）」這件事就悖論地成為了「可達成的理想」——理想本身變成了常態。換句話說，這樣的觀念轉變讓人們相信：人類「應該」符合這個「理想常態」，而且「可以」做到。[21]

如果我們仔細看這個文化轉向的過程，就會發現，那種從「無法達到的理想」變成「必須達到的理想」的變化，其實是讓人們痛苦、挫敗的來源，特別是在母職這件事上最為明顯。因為這樣一來，女性幾乎無時無刻都被推進「追求完美」的賽道，毫無喘息空間。更糟的是，那種「理想狀態就在不遠處」的信念，並不只是滿足不了的幻想，它會在女性心中鑿出一個個空洞，逼她們試圖用「正常」去填補它——但人生本來就是殘缺與荒誕的，「正常」很多時候根本遙不可及。

也因此，不管女性多麼努力、多麼值得擁有支持，她們還是可能因為「這個世界本來就不完美」而陷入困境。生一個小孩，本來就像是一場賭博，因為你永遠無法預測這個新生命會是什麼樣的人，更別說這孩子可能有特殊需求。就像我研究中的卡梅爾，她在訪談中不只一次提到，自己對母職的掙扎、甚至導致她感到後悔，是否和她身為一個極度敏感、經常在社會中受挫的孩子的母親有關。她的母職，不只辛苦，更是壓力重重。

卡梅爾

有一個介於十五歲到二十歲之間的孩子。

卡梅爾：我是單親媽媽，要養活三張嘴——我兒子伊多、他女朋友，還有我自己，我們還有一隻跟馬一樣大的狗。我是一家唯一的經濟支柱，沒有撫養費，也沒有其他收入來源，而且我們現在是租房子住。所以說經濟狀況不能說很好，但我還是能維持得下去，因為我真的工作很多、很多。（後略）

我：（前略）妳一開始有提到，伊多是那種——怎麼樣的小孩？

卡梅爾：他很敏感。但重點不在這裡。你知道嗎，我其實也不確定這些是不是有關聯。老實說——養一個有特殊需求、有狀況的孩子真的比較辛苦，無論是社交問題、個人情緒、行為發展、動作協調……總之就是比一般小孩難帶。伊多不是那種「一般」的小孩，他從來沒辦法融入一般的學校體系——連幼稚園都不行。他社交上有很大的困難。一直到他十七歲那年情況才開始有轉變。他很聰明，通常這樣的孩子都是很敏感的。這樣的孩子真的比較難教，比起那種什麼都能自己處理、一切都順的小孩來說，真的難很多。（中略）妳說，如果他當初不是過重、沒有這些問題——其實他也真的有過不少嚴重的問題啦，雖然當然也有比他更辛苦的孩子——但他一直都有困難……也許吧，如果他不是那樣，也許我會輕鬆一點，也許會不一樣。我不知道，很難說。真的很難說。

此外，我們也必須考慮一個事實：女性從「想當媽媽」到實際懷孕、甚至是在已經成為媽媽的過程中，生活環境隨時都有可能發生改變。因此，許多女性會在理想與現實之間遭遇落差。[22]生活中的突發事件——例如伴侶離世、破產、疾病或意外——可能在一瞬間將她們推入一個全然陌生、原本無法預料的處境。

有時候，這種「意料之外」也可能發生在看似幸福的開始，例如：有些女性在戀愛或伴侶關係中懷孕，以為找到了「愛的應許之地」，結果卻在之後因為分手或離婚而成為單親媽媽。以下是一位瑞典女性的心聲，她後悔自己當了媽媽，其中一部分原因正是因為計劃的突然變調：

「從我懷孕那刻起，我就一直在想這個禁忌的話題。整件事發生得很快，我愛上一個男人並在短時間內懷孕了。沒過幾週我就發現自己無法跟他一起生活。我曾經希望能早期自然流產，也決定不進行人工流產，但同時我感到非常不安，因為我意識到只要當了媽媽，我這輩子就會永遠和這個男人有牽連。我也很害怕，害怕會失去自由，因為我很清楚未來大部分的育兒責任都會落在我肩上。（中略）當我懷孕、並且跟那個孩子未來的爸分手之後，我有一種人生就此結束的感覺。」[23]

除了那些沒有伴侶、無法有人分擔育兒責任的女性之外，即使是長期有伴侶共同生活的女性，也不見得就不會經歷「理想與現實的落差」。因為從戀人轉變為父母、特別是成為父親的過程，往往會揭露出某些個人特質，或暴露出一種根深蒂固的性別化分工，而這些在真正面對孩子之前，可能根本沒有被考慮到：

艾莉卡

有四個孩子，介於三十歲到四十歲之間，已經當上祖母。

艾莉卡：人們總問我：「妳有工作嗎？」我就回他們：「沒有啊，我整天都在彈鋼琴玩。」我當然有在工作！在哪裡？在家裡！我在家裡像條狗一樣拼命做，這份工作可沒有底線，如果他肯點幫忙，事情可能就完全不同了。

桑妮

有四個孩子，兩個介於五歲到十歲，兩個介於十五歲到二十歲之間

桑妮：在我懷上第三胎之前，那種最深層的厭惡感就已經出現了。我那時候意識到，所有的事情全都壓在我一個人身上，而他卻拼命想辦法閃，什麼都不做，只想逃避他的責任。那時我心裡真的冒出一句：「他X的，我到底憑什麼要承受這一切？」

（中略）問題在於我們什麼都得自己扛，而且社會期待我們出去上班、回來顧家，隨時都要當個女強人，但同時間卻沒有人會用相同標準去批判男人，這實在是荒謬到極點。

（中略）我總說，現代生活對女人一點都不友善，因為男人根本不是夥伴，他們根本不是。在那種「有幫忙」的情況下（我講這個「幫忙」時心裡根本是在翻白眼）——誰需要這種「幫忙」？不好意思，這應該是要百分之百的平等合作，不然就別搞這一套。如果一個男人沒有全心全意地投入，那我奉勸：千萬別當媽，在任何情況下都不要。

絲凱

到目前為止，我們談的是那些讓育兒變得更困難的條件，儘管這些條件本身不一定會直接導致後悔。但對某些母親來說，問題並不是外在條件，而是她們無法忍受「母職」本身。有些人甚至形容它就像一個完全陌生的東西。

有三個孩子，兩個介於十五歲到二十歲之間，一個介於二十歲到二十五歲之間。

絲凱：那種感覺你知道嗎，真的很難受。我沒辦法好好扮演這個角色、好好履行我的責任，甚至沒辦法從中找到一點快樂。我心想，為什麼我要受這種苦？也許本來可以快樂一點？但我連想像自己享受當媽媽、享受跟孩子們相處的樣子都辦不到。我沒有那個耐性。

提爾紗

有兩個介於三十歲到四十歲之間的孩子，已經當上祖母。

提爾紗：我那時候沒有足夠的時間，最重要的是——我根本不想當媽媽。那對我來說看起來很奇怪。甚至連孩子叫我「媽媽」，到現在我還是會轉頭四處看，是誰在叫？是哪個媽媽被叫了？我從來都無法連結那個身分、那個角色、那個責任還有那份承諾帶來的意義。我連這個概念都無法認同，主要就是這個原因。

對某些女性來說，僅僅是「當媽媽」這件事本身就已經無法忍受，但這種想法在社會上往往被視為不可能的，因為母職被普遍認為是女性存在的核心價值。也正因為這種不相信，社會上對後悔當媽媽最常見的解釋就是把它歸因於「家庭與職場的衝突」。這個想法背後其實反映了更大的社會語境：在集體想像裡，女性的人生彷彿只有兩種選項——要麼當媽媽，要麼當職場女強人。

但現實其實不是這麼一回事。

在我先前對「不想生小孩的女人」所做的研究中，我聽到許多女性說：「拼事業」對她們來說跟「當媽媽」一樣遙遠。她們中很多人從小或青少年時期就知道自己未來不想生小孩、不想養育孩子，因此，她們不願成為母親的決定，並不是來自職場和母職之間的拉鋸，而是早早就做出的選擇。

另外還有一些女性更明確表示，她們只是單純需要賺錢養活自己，並不抱持什麼「職場抱負」；而正是因為她們不想成為母親，才讓她們得以從「拚事業」的壓力中解脫。以下就是一些在「不想生小孩的女人」這個線上論壇中，幾位參與者所分享的觀點：

「我想工作（不想整天待在家裡），也需要工作（為了生活），但我並不嚮往什麼事業。對我來說，下班後還能保有自己的生活很重要。就算哪天我把興趣變成職業，我大概還是會另外找些其他嗜好填滿我的休閒時間。」

「我覺得很煩，大家總是預設那些不當爸媽的人，一定是把拚事業或享樂主義當成人生重心。可是在這個論壇裡一看就知道，這些刻板印象根本不準。這裡大家最常聊的反而是音樂、哲學，還有志工活動之類的事。」

「大家老是在談什麼『事業 vs. 小孩』的兩難，但也許有些人兩邊都不想要啊。（中略）有些人只是想工作、維持生活，好讓自己能繼續做喜歡的事，他

> 們根本不在乎什麼升遷或拚事業。我自己就完全沒興趣追求那一套。」[24]

這樣的觀察同樣也出現在一項針對加拿大不想成為父母的男女所做的研究中：「與那些事業導向、不生育的伴侶所展現的投入與熱情相對比，有些受訪者之所以滿意沒有孩子，不是因為他們能因此追求事業，而是因為他們可以不用去追求任何事業！」[25]

如果我們把人生選項簡化為「母職」與「事業」這兩條路，並且假設女人只有這兩個理由才會選擇不為人母，那就等於抹煞了女性多元的身分與慾望——這些慾望早已超越了所謂「完美女性」或「像男人一樣成功」的框架。認為女人不是選擇生小孩、就是選擇在公共領域打拼，這種二元想像不只扼殺了那些兩者皆不想要的女性的聲音，也讓那些選擇在家專心育兒的母親失去話語權，彷彿只要不「做出明確成就」，她們的人生就毫無價值可言。

這樣的二分邏輯，正是父權體制（推崇母職）與資本主義（強調自由市場下的持續「進步」）聯手打造出的壓迫體系——它再一次把女性推進沒有選項的死胡同，讓女性無法自由定義人生的意義，也無法被社會承認為一個擁有獨立意志的人。甚至，她們連「人生沒有必須的意義」這種觀點都不能選擇。

母職條件這個問題，也延伸到「非母親」女性的選擇。有些人認為，不想生小孩的女人之所以選擇不為人母，是因為她們清楚母職制度本身就有結構性的壓迫。美國記者暨作家安娜莉・紐維茲（Annalee Newitz）在一篇探討大眾對嬰兒殺害案件「著迷」的文章中，就展現了這樣的觀點。[26]她認為，這些案例之所以引人注目，與其說是人們對弒嬰的興趣，不如說是對「殺掉傳統母職觀念」的渴望——因為這些觀念讓母親感到窒息。

紐維茲自己不是母親，但她坦言，如果有一個不同的社會，她也許願意成為一個母親。她寫道：「如果我住在一個孩子可以被集體撫養、由許多有愛的大人共同照顧的地方，那我會把育兒視為一種榮幸與樂趣。如果社會能把育兒視為一種正式的勞動，而不是下班後的興趣活動、或是『高品質陪伴時間』，那我也會覺得育兒更具吸引力。但就我所認識的育兒樣貌來說，它令人無法接受。這是一種沉重的負擔，而且經常是被硬塞給女性的家務工作，還要求妳天生就要熱愛，卻很少真正給予女性實質的社會肯定或回報。只有當所有性別與性傾向的男性和女性都能尊重地、集體地撫養孩子時，我才會放下我的怒火，丟掉那些犯罪實錄，陪男人一起換尿布。在那之前，我不想當媽媽。」27

在這段話中，紐維茲代表了許多女性的觀點——這些女性並非完全排斥成為母親，而是無法接受在當前社會條件下為人母；如果社會結構不同，她們也許會願意成為母親。然而，並非所有女性都把「社會條件」視為不想生小孩的主因。在我過去的研究中，大多數受訪女性都表示，就算她們是世界上最有錢的人，就算有人幫她們把孩子養到大，她們還是不會想要懷孕生子——因為她們就是不想當媽媽。

二〇一二年，我在「不想生小孩的女人」這個網路論壇上發起一項討論，詢問版友們：是否存在任何一種條件，能讓她們考慮要小孩？例如「需要整個村子一起養小孩」的理想環境，或像紐維茲那樣所描述的未來式社會？結果大多數回應都表示：不存在這種條件。換句話說，這些人無論在什麼樣的情況下都選擇不為人母。以下是幾位參與討論者的回應節錄：

「在內心深處、那個最真實的自我所在的地方——如果妳不想要某件事，就算沒有明確的理由，也不會因為有整個村子，甚至一整個大陸願意幫妳完成這件事而改變心意。當那股強烈的抗拒感不需要語言、不需解釋就能被感受到時，其他一切條件都無關緊要。不，我還是不想要。」

「我不想生小孩，並不是因為我覺得帶小孩很辛苦。就是不想，沒有其他原因。我曾經想過，如果小孩是別人生的、如果懷孕跟生產都很輕鬆快樂，會不會不一樣？但我還是覺得我不會想要孩子。就算我住在一個大家都會主動幫忙、甚至願意代替我養孩子的世界裡，也無法改變我內心根本就沒有任何『想當媽媽』的渴望。」28

這種堅定的拒絕，也出現在德國記者兼作家莎拉・迪爾（Sarah Diehl）的論述中。她指出，選擇不成為母親，不一定是因為遭遇艱難的處境。事實上，拒絕成為母親的理由非常多元，也極具個人性——有些女性就是從來就沒有當媽媽的意願。29 美國女性主義哲學家戴安娜・蒂金斯・麥爾（Diana Tietjens Meyer）在分析女性成為母親的動機與自主性界線時也強調：「我們必須記得，有些女性無論在什麼條件下，都不會想要孩子，也不會願意加入任何形式的育兒集體。」30

來自**不想當媽媽的母親們**，以及**從未想過成為母親的女性們**的這些交叉說法，讓我們得以重新思考一個深植人心的假設：母愛是普遍的，女人一定會適應成為母親的角色——只要她們身處在完善的社會支持系統下、有足夠的資源和協助，一切都會「順利上路」。

但這些敘事最真實的共同結論是：根本不存在這種「一體適用」的答案。重點正是在於差異本身：有些女性，真的只要獲得社會支持、經濟穩定、免於孤立、減少競爭與指責，就能好好照顧孩子、擁抱母職，甚至迎來更好的人生。但也有些女性，就算社會給她們一切理想條件——或她們原本就擁有這些條件——她們依然不願意、甚至想要退出與「母職」有關的一切關係。因為那不是她們要的。無論什麼情況，都不是。

從客體到主體：母親作為人，母職作為關係

根據以色列社會學家伊娃・伊盧茲（Eva Illouz）的觀察，過去幾十年來，家庭

逐漸成為一個類似職場的效率平衡場域，與此同時，「情緒語言」也開始滲透到工作場所中。這樣的融合促成了伊盧茲所稱的「情緒資本主義」──在這樣的體系下，親密關係被量化、被套進成本效益的計算公式，轉化成帶有商業特質的事物。[31]

在這種情況下，母親常常需要有意識地拒絕競爭性、個人主義與非人格化的關係邏輯，以符合「好媽媽」的社會形象。[32]在這樣的脈絡中，母親對「成當媽媽」這件事的後悔，很容易被視為一種將親密關係商品化的行為──彷彿她們以成本效益在衡量是否該成為母親、是否值得有孩子，進而犧牲了孩子的福祉。因此，表達後悔的母親往往遭受猛烈批評，被視為冷血無情、過度理性，把原本只屬於「公共領域」的功利邏輯帶入了私人情感之中。

然而，如前所述，其實母親們進行情緒與實際層面的衡量並非什麼新鮮事，這種考量很可能自古即有，只是衡量的標準與最後的判斷會隨著歷史與社會背景而改變。例如有些學者指出，在十二世紀宗教教義強烈影響社會的時代，虔誠的女性被視為英雄，甚至如殉道者般值得敬仰──這樣的文化脈絡使某些母親在宗教價值與家庭責任之間擺盪，最後選擇離開家庭與子女，進入修道院過著禁慾的生活。

再舉一例：社會史學者指出，即使在資本主義尚未興起的中古世紀，家庭與育兒也經常是一種在情感與實用層面上矛盾交織的經驗。雖然當時有大量宗教著作讚頌生育，也有關於傳宗接代（例如王朝繼承）或勞動力需求的實用考量，但同時也出現了不少宗教與世俗文學，呈現出個體如何在家庭義務、宗教信仰與求知探索三者之間掙扎。例如其中就曾出現這樣的觀點：生小孩是一種「來自上天的懲罰」——有時是用嘲諷或幽默的語氣表達，指出孩子是麻煩的根源，會帶來煩惱、開銷與悲傷。[33]

舉例來說，以下是某則被記錄下來的故事：「在一則道德寓言中，國王問智者：人是否應該愛自己的孩子？智者回答說：首先應該愛上帝，其次是自己，最後才是孩子。他接著說：一個人若愛自己的孩子——自己的『血肉之軀』——勝過愛自己，就會把所有的精力與財富都投入在孩子的照顧與成長上，而不是在拯救自己的靈魂上。」[34]

而十二世紀的修士彼得・阿伯拉（Peter Abelard）則在寫給愛人艾洛伊絲（Eloise）的信中這樣寫道：「學生與保母、書桌與搖籃、書本與織布機、筆墨與紡錘之間，又怎可能有和諧可言？怎麼可能有人一邊思考聖經或哲學，還能忍受嬰兒的哭聲、保母哄小孩的搖籃曲、還有家中男女來來去去的喧囂？怎麼可能有人可以忍受那些小孩帶來的混亂與骯髒？」[35]

無論我們是否承認，事實上，針對母職與養育孩子所進行的「權衡比較」在現代社會也十分常見。那些稱讚母職值得、主張女性會從中受益的說法——也正是社會慫恿女性生育與育兒的主流說詞——其實也不斷地仰賴效益論的邏輯。只是這類功利性的修辭常被包裝成「自然的事」，尤其當權衡的結果傾向「當母親是值得的」，那麼這種「比較」的本質就常常被隱藏起來。以下是一則針對我曾經發表在報紙上的「後悔當媽媽」專欄[36]的留言回應，就體現了這種雖然在進行衡量，但因結果是正向而顯得毫無爭議的觀點：

「我個人的體悟是……孩子會黏人、會吵人，幾乎花光我的薪水，頭幾年根本沒得睡，也沒時間做自己的事，想出門就像發動一場『保母行動』，每次我在工作時跟單身同事一起打哈欠，都會羨慕他們可以回家睡覺，而我還要回家開始『第二輪工作』，當爸媽的缺點簡直數不完！

但——我超愛他們，愛死他們的親吻與擁抱、那種身體上的親密，還有我們一起大笑的時光，那份無限的愛，真的是無與倫比！

養小孩真的非常非常累（對，也許我有點自私）——但這跟『後悔生了他們』之間，還是有非常、非常大的差別！」

換句話說，只有當衡量的天秤明顯傾向違反「母職情緒規範」的一方——例如後悔當母親，當母親重新評估母職的得與失、並發現「得」並不值得時——這些計算與評估才會被公開點出，並受到譴責。

也正是因為這個原因，我才會（如第三章所提）主動在訪談中開啟一個關於「母職優缺點」的討論。多數時候，正是受訪的母親們自己在訪談過程中主動進行各種權衡與比較，試圖釐清「後悔」對她們而言到底意味著什麼。

艾莉卡

有四個介於三十歲到四十歲之間的孩子，已經當上祖母。

艾莉卡：我把我的人生都奉獻給了他們。然後我現在回頭想——不只是現在，其實早在那時候我就已經這麼想了——當媽媽真的太不值得了。跟孩子在一起當然還是很開心，但你要我說「我和他們在一起是世界上最幸福的人」？那全是謊言。騙人的。說真的，這世界上沒有任何一個理由值得你去生小孩。整體來說，那個痛苦太深、太難承受了、太累了。就只是為了讓我老了之後能稍微享受一下？就這樣？不值得。

然而，當母親們在訪談中沒有主動進行這種衡量時，我就會刻意引導這個主題。面對那種認為「私人領域」、家庭與母職是沒有計算行為的錯覺——同時也忽略了歷史中這些計算確實存在的事實——我想要以「利弊得失的衡量」作為一個關鍵因素，來幫助我們理解母親作為「人」的樣貌——作為有主體性的存在，她們會思考、感受、審視、想像、評估並做出決定。

在當代的社會現實中，承認母親具有主體性並非理所當然。幾十年來，「母職」一直被建構為一種「角色」，這種角色主要關乎孩子的生命劇情，而母親則是其中的客體；是一個「獨立變項」，其功能就是為了服務另一個人的生命。

美國母職權益倡議者茱迪絲・史塔曼・塔克（Judith Stadtman Tucker）提出的區分是很有啟發性的——她認為，將母職視為一種「關係」而非一種角色、責任或專業，能夠開創出多元的母職情境，並讓女性的生命經驗呈現出複雜性與多樣性。只要母職仍被視為一種「角色」，唯一的敘事就會集中在「成為完美母親」這件事上；而這種完美母親，其實就是「理想勞工」的化身，其導向是一種成果導向的工作邏輯——孩子是空白的畫布，而母親則是在其上刻劃出成功或失敗的線條。

如果我們能將母職理解為一段關係，就能明白這其實是一段由兩位特定個體組成的互動關係——是流動且會變動的。這樣的觀點能夠幫助我們拋開那種機械式的思維，即所有母親都應該對與孩子的關係有一樣的感受；相反地，這會讓我們把母職看作是人類經驗的一部分，是一段能夠涵納不同情感的關係——從深愛，到深深的矛盾[37]。當然，還有後悔。

因此，也正因為後悔這個人類的情感狀態本身包含了衡量、評估和主體的決定，本研究中的許多母親才會積極地在母職中評估自身在這段經驗中的得失。

如果我們真的理解到，「作為一個主體」的一部分就是能夠進行這樣的衡量與計算，而這些行為本身也並非只能存在於「公共領域」，那我們就能更深入理解那些社會期待母親不要進行衡量與評估的更深層意涵。換句話說，從社會對「後悔」這一情緒的反應之中——特別是那種將其視為令人驚駭的理性思維的態度——我們能更清楚地看到，母親們是如何被剝奪了與自身經驗以及她們所處的親密關係之間保持聯繫的權利。她們一次又一次地被視為一種「客體」，必須為他人存在，甚至不能停下來片刻檢視自己的處境——其中一個原因就是，當母親不再是純粹的客體時，社會會感到恐懼，因為它正是建構在母親作為「客體」的前提之上。

而這種期待與剝奪是危險的。因為如果女性無法對自己的人生進行得失的衡量——特別是在母職的領域中——也無法在其社會脈絡中理解自身狀態，那麼她們可能會在「家」中感到與自己疏離。這種疏離並不是因為她們想得太多、感受太多，而是因為她們被禁止思考、禁止感受——也被禁止衡量自己的處境。

後悔的母親們象徵著一個契機，讓我們重新思考社會長久以來的呼籲——要求我們把情感與理性排除在家庭之外。不只是當這些感受導向某些結論（例如「當母親也可能是一個錯誤」）時應該被正視，而是整體而言，我們都該重新思考這樣的社會期待。

提爾紗的話深刻地說明了，生育與母職的種種觀念本來就已經被效益邏輯所主導，而「後悔」正是一種揭露這個事實的行動。她的話可作為對這些補充思考的總結：

提爾紗的話

我們有必要告訴孩子們，我們為什麼後悔，我們為生下他們、撫養他們所付出的代價。我們曾相信，如果不這麼做（生養孩子），我們的人生就不完整，我們就無法成為社會的一份子。我們看著那些無法生育、或選擇不領養孩子的人，會覺得他們的人生是浪費的、是多餘的。當然，表面上我們會說「為他們感到遺憾」，但在內心深處，我們其實羨慕他們的自由——羨慕他們能過自己的人生，不需要承擔這些重擔，不需要放棄這麼多、犧牲這麼多。

（中略）我不知道要怎麼說、怎麼傳達這些事；是寫出來？講出來？在電視上、在廣播上公開談？教出來？要談論這些神聖的禁忌，把它們的汙穢攤在陽光下晾曬，讓陽光把它們洗乾淨，讓它們在女人們的眼前閃閃發亮。那些祕密。那些黑暗。那些禁忌。

結語

當我隨著「妳一定會後悔！」這句憤怒的預言踏上探索之旅時，我從沒想過我會抵達什麼樣的地方。我原以為，這些受訪母親的發言將有助於我們深化對育兒和母職的理解，卻沒想到我竟然來到了其他環繞我們的場域之中心——那些關於情感應如何隨時間演進的社會期待，以及我們如何對待時間本身，如何認為時間無法被「反悔」的願望觸碰，並要求我們選擇性遺忘。而當我站在這中心之地，我看到「情緒規範」與「記憶規則」如何成為文化早已侵犯的材料，而如今更清楚的是，這些規範竟成為將女性推向母職、並保證她們永遠不會「回頭看」的核心社會機制——永遠不會憤怒、不會後悔。

因此，如果我們將母職視為不可後悔的對象，即使「後悔」這種情緒幾乎出現在所有人際關係裡，也出現在我們所做的無數選擇之後，那我們其實就忽略了：社會如何藉由使用或忽略特定的情緒規範、對時間進程的想像，來維繫一套對某些人最有利的社會秩序。當人們不相信會有人「後悔當媽媽」，或者對此感到憤怒時，其實是在表達一種恐懼：他們覺得讓女性回頭檢視那段成為母親的轉變過程、並判斷它「不值得」是很危險的。我想，我們也不該對此太感意外，畢竟一而再、再而三，整體社會不斷要求女性，特別是母親，把自己放在一旁、學會遺忘。也許我們應該重新思考：為什麼當女人選擇記得、選擇提醒時，竟會這麼令人不安？

對「後悔當媽媽」這件事的質疑與憤怒，無疑根植於「生育與養育是神聖的」這一信念，以及「成為母親就是女人此生最美好的事」這種觀念——即使這段歷程並不總是一片玫瑰花園。但問題不止於此。這些反感也源自我們身處的新自由主義與資本主義社會，它們崇尚「進步」的價值，每天推動我們朝著自我提升與成長的方向前進。在這種氛圍下，集體的想像是：隨著時間推移，女人終將與母職和解；否則，她們就該為未能符合這種「母職必然圓滿」的集體幻想而受到懲罰。

對於「後悔當母親」的憤怒，還有一個來源來自我們對於「後悔」的性別化處理方式：將其視為一種灼熱的情緒，或者是一種冷靜計算的思考。當它被視為一種灼熱的情緒時，後悔的母親會受到猛烈的抨擊，因為她們被看作是危險而感情用事的女性，無法控制自己的情緒，也無法克服她們那無用的哀嘆：「如果社會被要求去描繪後悔的形象，我想她（恐怕必然會是女性）會是一個頭髮稀疏、軟弱無力的女人，沉陷在過去死寂的懷抱中。」[1]而當它被當作一種冷靜計算的思考時，這些母親同樣會受到猛烈抨擊，因為她們被看作是冷血的女人，因過度理性而感到後悔——這種理性應該只屬於男性和「公共領域」。無論是哪一種情況，這些母親都被困在社會的掌控之下——一個無法容納希望不要成為母親的女性形象的社會，而這樣的女性要不是被貼上「荒謬的男性模仿者」的標籤，就是被當作「有缺陷的商品」，應該從我們的視線中被驅逐出去。

然而，這份憤怒也源自一種非常單純且可以理解的擔憂，那就是讓母親表達對為人母的後悔，會傷害到她們的孩子。這種擔憂並非脫離現實，因為我曾親眼目睹受訪者感受到的痛苦，以及她們對孩子可能知道自己所思所感的那份深切擔心。

那麼，我們為什麼還要堅持談論對為人母的後悔呢？這有什麼意義？

我不只一次被指控之所以如此堅持這個議題，是因為我是一位不想成為母親的女性。在那些指控者眼中，我是在試圖為自己不願成為母親的選擇辯護，藉由尋找母職對女性有害的證據，並透過頌揚後悔的聲音來說服其他女性不要當媽媽。

這樣的連結其實是相當扭曲的，尤其是因為我從來不覺得自己不想成為母親這件事是需要被解決的問題（但我從第一天起就感受到社會是這麼看待的）。我並不想要去美化母親的後悔，也不想要貶低那些渴望生育的選擇，或批評那些真心希望成為母親的女性——因為在那樣的情況下，我是支持母職的；而且我也不認為我有資格去替其他女性決定她們應該如何生活，假設我比她們更清楚她們自己要什麼。這種自以為是、替別人「知道」的態度，正是父權體制的樣貌——那個自詡「代表女性」、「為女性著想」的體制。

作為一個女性，當然也是一個女兒，同時也是一位社會學家和女性主義者，我認為問題應該反過來問：將後悔成為母親的情感噤聲，會造成什麼後果？又是誰在為這種假裝後悔不存在的姿態付出代價？

本書主張，那些不想成為母親的女性、那些已經成為母親但不想或想要當母親的女性，以及孩子們，正是這場沉默的代價承擔者。她們——也就是我們——都實際承受著由那些社會秩序所帶來的後果，而這些社會秩序表面上說著關心我們每一個人的語言，但往往其實是在服務他人，而不是我們自己。

作為一位女性、作為我三個姪女的姑姑、作為一位社會學家與女性主義者，我相信選擇權應該是可觸及的，這樣才能確保更多女性有機會真正掌握自己的身體、生命與決定。而「選擇不成為任何人的母親」這件事至今仍伴隨著各種刻板印象、制裁與懲罰，這本身就說明了，所謂的「選擇」其實根本不存在。

堅持談論後悔的深層意義，也在這項研究中逐漸顯現出來——參與研究的女性將這樣的談話視為她們自我記錄的方式：有些人在我們見面後的一年、兩年，甚至三年後，仍請我寄給她們訪談逐字稿，這樣她們就能夠閱讀自己的話語，勾勒出內在心理與情感的地圖。她們的回饋顯示，這份書寫紀錄、以及能在時間的距離之後回頭閱讀它，對她們來說有著非常重要的意義。

此外，這些年來我和一些研究參與者仍持續書信往來，其中有不少人反覆使用「提供一個平臺」這個隱喻來形容這項研究：這是一個讓她們能夠表達自己的平臺，她們的話語終於可以被書寫、被聽見、被閱讀，讓這個社會最終可以開始傾聽、並開始思考。

例如，桑妮在我們結束訪談時這樣告訴我：

「我是有心理準備來的，我知道我今天就是要談這個，要打開這些東西，但然後……它就會被我藏到身後某個角落，我立刻又把它蓋起來，然後繼續過日子。我不會每天都拿出來談。當我跟親近的人說到這些，我們也盡量不讓話題太深入，因為那很痛，真的很痛，一再去碰觸這些傷口，就像其他任何疼痛一樣。

「我完全不排斥談這件事。當我想到要來跟妳談話時，對我來說這是件很開心的事，因為我要談的主題是個徹底的禁忌話題，但我可以自由自在、毫無保留地談論，想講多少就講多少。這感覺就像是在做心理治療一樣。對別人來說，這可能看起來像是某種可怕到連開口都不被允許的東西，但在這裡我可以自由地說。我真的很享受。還有一件事，我非常清楚，這是有可能拯救人的——所以對我來說這很值得。我今天離開這裡的時候，心情非常好。我知道我一方面正在幫助其他女性，一方面也正在放下。我對此感覺非常好。」

對我們所有人——參與者、讀者與研究者——而言，「這會帶來什麼影響？」這個問題如同走在一條細繩上，正是當你試圖進行一種批判性的社會學研究，去面對那些困擾、傷害並創造痛苦人生核心議題時所必經之路。一方面，處理這些議題本身就可能帶來折磨性的後果；但另一方面，若選擇迴避這些議題，又可能使我們無法以能夠帶來改變的方式去理解社會世界。就如桑妮所說的，這就是許多母親願意參與這個研究的理由之一。

這本書只是這條路的起點。我相信它必須延伸到其他領域——舉例來說，本書尚未深入討論「後悔當媽媽」這種情感是如何被困在新自由主義所定義的「選擇」觀念中：這些觀念一方面被用來推動女性「踏上母職軌道」（「妳得選擇當媽媽，否則……」），同時卻又讓那些遊說者對於女性成為母親後所承擔的一切後果，輕鬆卸責（「這是妳自己的選擇！妳得自己承擔！」）。

此外，更深入地檢視這種困境，也有助於我們理解社會對「責任」概念的邏輯：在法律領域中，表達後悔通常被視為一個人願意為自己行為負責的證據；但在育兒與母職的領域，表達後悔卻被解讀為母親對責任的逃避。而在法律領域，後悔往往代表著一個人的理智與道德基礎；然而在母職領域，表達後悔卻會被視為不道德與不理性。

我並不是在主張：對一項違反社會秩序的罪行感到後悔，與對一項實現社會秩序的母職角色感到後悔，是一樣的事。然而，受訪者所說的話——例如提爾紗所說的：「妳無法。妳無法去彌補。妳不能只是說——哇，是啊，我傷害了我自己、我的孩子，也傷害了社會。」——也許能讓我們重新思考，後悔本身是否已經內含了一種道德責任感，是針對一段不被期待、也未被真正選擇的母職經驗而產生的責任感；而這樣的責任感，超出了「私人領域」，因為它已經考慮到對整個社會可能造成的後果。

因此，與其將後悔當母親的女性視為只想到自己、不道德的女性，不如藉由對這種情緒的深入檢視，來理解某些情況下，正是這種社會命令——命令女性「只管自己的事」，也就是去當媽媽、並且只專注於自己的孩子——反而可能促成一種不道德的狀態。正如美國女性主義作家與行動者艾倫・佩克（Ellen Peck）所說的：「（前略）我們文化中有一種嚴重的自私心態，鼓吹『慈善應從家庭開始』的觀念，並以『妳對孩子有責任』與『家庭第一』這類冠冕堂皇的話語來強化這種慈善。結果，家庭變成一塊真正的海綿，把我們可能對外界表達的任何關愛都吸乾了。（中略）嬰兒和孩子，尤其是我們自己的孩子，可能會讓我們忘記整個社會群體，也可能讓我們喪失自我價值——讓我們忘了自己作為成年男女的尊嚴與存在感。」[2]

如果想開枝散葉，首先得從起步開始。

所以我寫了這本書。

透過回到那些似乎在女性與母親心理中「被推到一旁」或「被遺忘」的東西，以及透過願意傾聽那些違反母職情緒規範的話語，我們得以看見一幅幅比單一路徑還要複雜得多的情感地圖——那條所謂「唯一正途」其實只是根植於被視為理所當然的概念中的單一地圖而已。透過仔細傾聽這些參與研究的女性，以及那些在研究之前與之後站出來的女性，堅持勾勒並揭露出多重的道路與地圖，不僅對那些後悔成為母親的女性有其意義，也對那些不想當媽媽的女性、已經是母親的女性同樣重要。因為這能讓她們走上其他的路途——一條可以停下腳步、慢慢行走、徘徊、轉彎、駐足的道路。

我們必須鋪出這些道路，我們必須這麼做。我們是那些應該掌握世界，而非被世界壓倒的女性。我們是那些應該掌握自己身體與人生的女性，也該是自己思想、感受與想像的主人。如果連這些都做不到，那就不會有解方。

註釋

引言

1. 來自以色列中央統計局的數據。"Selected Data for International Women's Day 2015": http://www.cbs.gov.il/reader/newhodaot/hodaa_template.html?hodaa=201511057
2. 來自世界銀行的數據 。"Fertility rate, total (births per woman), 2015:http://data.worldbank.org/indicator/SP.DYN.TFRT.IN
3. 一九七〇年，美國專欄作家安・蘭德斯（Ann Landers）以一種在方法上備受爭議的方式，提出了一個問題：「如果可以重新選擇，你還會選擇成為父母嗎？」超過一萬封來自父母的信寄到了編輯部，其中有 七成回答「不會」。對我而言，那些回答「不會」的比例本身或許不是最重要的；真正值得注意的是，這樣的調查竟然真的被發起了，尤其是在四十多年前的那個時代。
4. 一個較新的例子來自二〇一三年，由一位英國母親兼祖母伊莎貝拉・達頓（Isabella Dutton）所撰寫的一篇專欄，試圖探討後悔當母親的議題：http://www.dailymail.co.uk/femail/article-2303588/The-mother-says-having-children-biggest-regret-life.html
5. Donath, Orna. 2015. "Regretting Motherhood: A Socio-Political Analysis". *Signs: Journal of Women in Culture and Society,* 40(2): 343-367.

6. Göbel, Esther. "Sie wollen ihr Leben zurück". 4/5/2015. http://www.sueddeutsche.de/gesundheit/unglueckliche-muetter-sie-wollen-ihr-leben-zurueck-1.2419449
7. Ahmed, Sara. 2004. *The Cultural Politics of Emotion*. Edinburgh: Edinburgh University Press.
8. Warren, Carol. A. B. 2001. "Qualitative Interviewing". Pp. 83-101 in *Handbook of Interview Research: Context & Method*. J. F. Gubrium & J. A. Holstein (Eds.). Thousand Oaks, London, New Delhi: Sage.
9. Landman, Janet. 1993. *Regret: The Persistence of the Possible*. Oxford University Press. New York.
10. Oakley, Ann. 1981/1990. "Interviewing Women: A Contradiction in Terms". Pp. 30-61 in *Doing Feminist Research*. Helen Roberts (Ed.). London: Routledge.

第一章

1. Chodorow, Nancy. 1978. *The Reproduction of Mothering. Psychoanalysis and the Sociology of Gender*. University of California Press.
2. De Beauvoir Simone. 2009[1949]. *The Second Sex*. London: Random House.
   Ortner, B, Sherry. 1972. "Is Female to Male as Nature Is to Culture?". *Feminist studies,* 1(2): 5-31.
3. De Beauvoir Simone. 2009[1949]. T*he Second Sex*. London: Random House.
   Firestone, Shulamith. 1970. *The Dialectic of Sex*. New York: W. Morrow.
4. 來自以色列線上論壇「不想生小孩的女人」的留言，以及針對我在以色列報紙上撰寫相關主題文章的讀者回應。
5. Gill, Rosalind. 2008. "Culture and Subjectivity in Neoliberal and Postfeminist Times". *Subjectivity,*

25: 432–445. Lahad, Kinneret. 2014. "The Single Woman's Choice as a Zero-Sum Game. *Cultural Studies,* 28(2): 240–266. McRobbie, Angela. 2009. *The Aftermath of Feminism: Gender, Culture and Social Change*. London: Sage Publications.

Solinger, Rickie. 1998. "Dependency and Choice: The Two Faces of Eve". *Social Justice,* 25(1): 1-27.

6. 同上。
7. Himmelweit, Susan. 1988. "More than 'A Woman's Right to Choose'?". *Feminist Review*. 29: 38-56.
8. Costello, 引用自：Read, Donna M.Y. Crockett, Judith. and Mason, Robyn. 2012. "'It Was a Horrible Shock': The Experience of Motherhood and Women's Family Size Preferences". *Women's Studies International Forum,* 35(1): 12-21.
9. Eisenstein, Moran. "Enough with the Badgering: What if I don't Want a Second Child?", Ynet, 8/22/11. [in Hebrew].
   http://www.ynet.co.il/articles/0,7340,L-4110159,00.html
10. Johanna. "Regretting Motherhood. Overkill und die Frage: Muss das wirklich sein?". Das Leben Eben, 4/21/15.
    http://www.pink-e-pank.de/2015/04/21/regretting-motherhood-overkill-und-die-frage-muss-das-wirklich-sein/#comments
    http://www.gutefrage.net/frage/ich-will-keine-kinder-haben-als-frau-ein-skandal
11. Meyers, Diana Tietjens. 2001. "The Rush to Motherhood: Pronatalist Discourse and Women's Autonomy". *Signs: Journal of Women in Culture and Society,* 26(3):735-73.
12. 同上。
13. McMahon, Martha. 1995. *Engendering Motherhood. Identity and Self-Transformation in Women's*

Lives. New York: The Guilford Press.

14. Fennell, J. 2006. " 'It Happened One Night': The Sexual Context of Fertility Decision-Making". 發表於美國人口學會（Population Association of America）年會，加州洛杉磯。

Morison, Tracy. 2013. "Heterosexual Men and Parenthood Decision Making in South Africa: Attending to the Invisible Norm". *Journal of Family Issues,* 34(8): 1125–1144.

15. Bourdieu, Pierre. 1992. Language and Symbolic Power. John B. Thompson (Ed.). Cambridge, Mass.: Harvard University.

16. Morison, Tracy. 2013. "Heterosexual Men and Parenthood Decision Making in South Africa: Attending to the Invisible Norm". *Journal of Family Issues,* 34(8): 1125–1144.

17. "Ich möchte keine Kinder - bitte akzeptiert das!", *Brigitte*. http://www.brigitte.de/liebe/persoenlichkeit/freiwillig-kinderlos-1217739/

18. Meyers, Diana Tietjens. 2001. "The Rush to Motherhood: Pronatalist Discourse and Women's Autonomy". *Signs: Journal of Women in Culture and Society,* 26(3):735-73.

19. Fennell, J. 2006. " 'It Happened One Night': The Sexual Context of Fertility Decision-Making". 發表於美國人口學會（Population Association of America）年會，加州洛杉磯。

Morison, Tracy. 2013. "Heterosexual Men and Parenthood Decision Making in South Africa: Attending to the Invisible Norm". *Journal of Family Issues,* 34(8): 1125–1144.

20. Baker, Joanne. 2005. "Discounting Disadvantage: The Influence of Neo-Liberalism on Young Mothers". In *Challenging Practices: The Third Conference on International Researc Perspectives on Child and Family Welfare*. Mackay Centre for Research on Community and Children's Services.

21. Louck Shemer, Susie. 2009. *The Experience of Mothers after the Birth of the First Child and the Relationship of the Couple, in the Ultra-Orthodox and Secular Israeli Society*. MA Thesis.

Jerusalem: The Hebrew University. [in Hebrew].
22. 引用自：Wallbraun, Swantje. "Ich bekam Kinder aus Angst, einsam zu sein". *Die Welt,* 9/9/07. http://www.welt.de/politik/article1169277/Ich-bekam-Kinder-aus-Angst-einsam-zu-sein.html
23. Crittenden, Ann. 2001. *The Price of Motherhood. Why the Most Important Job in the World is Still the Least Valued*. New York: Henry Holt and Company.
Komter, Aafke. 1989. "Hidden Power in Marriage". *Gender & Society,* 3(2):187-216.
24. Komter, Aafke. 1989. "Hidden Power in Marriage". *Gender & Society,* 3(2):187-216
25. MacKinnon, Catharine. 2003. *A Sex Equality Approach to Sexual Assault*. Annals of the New York Academy of Sciences, 989, 265–275.
26. Lahad, Kinneret. 2014. "The Single Woman's Choice as a Zero-Sum Game. *Cultural Studies,* 28(2): 240–266.

第二章

1. Hager, Tamar. 2011. "Making Sense of an Untold Story: A Personal Deconstruction of the Myth of Motherhood". *Qualitative Inquiry,* 17(1): 35.
2. Elshtain, Jean, B. 1981. *Public Man, Private Woman*. Princeton, NJ: Princeton University Press.
Hays, Sharon. 1996. *The Cultural Contradictions of Motherhood*. Yale University Press.
Pateman, Carole. 1989. "Feminist Critiques of the Public/Private Dichotomy". Pp. 118-140 in *The Disorder of Women: Democracy, Feminism and Political Theory*. Cambridge: Polity Press.
3. Firestone, Shulamith. 1970. *The Dialectic of Sex*. New York: W. Morrow.
4. Hays, Sharon. 1996. *The Cultural Contradictions of Motherhood*. Yale University Press.

5. Arendell, Terry. 2000. "Conceiving and Investigating Motherhood: The Decade's Scholarship". *Journal of Marriage and The Family,* 62(4): 1192-1207.
   Scheper-Hughes, Nancy. 1992. *Death Without Weeping: The Voilence of Everyday Life in Brazil*. California: University of California Press.
6. Hager, Tamar. 2011. "Making Sense of an Untold Story: A Personal Deconstruction of the Myth of Motherhood". *Qualitative Inquiry,* 17(1): 35.
7. Arendell, Terry. 2000. "Conceiving and Investigating Motherhood: The Decade's Scholarship". *Journal of Marriage and The Family,* 62(4): 1192-1207.
   Hays, Sharon. 1996. *The Cultural Contradictions of Motherhood*. Yale University Press.
8. Parker Rozsike. "Why Study the Maternal". http://www.mamsie.bbk.ac.uk.
9. Hays, Sharon. 1996. *The Cultural Contradictions of Motherhood*. Yale University Press.
10. Oliver, Kelly. 2012. *Knock Me Up, Knock Me Down: Images of Pregnancy in Hollywood Films*. New York: Columbia University Press.
11. Möller, Gabriele. "Regretting Motherhood - Darf man es bereuen, Mutter zu sein?". *Urbia*. http://www.urbia.de/magazin/familienleben/muetter/regretting-motherhood---darf-man-es-bereuen-mutter-zu-sein
12. Oliver, Kelly. 2012. *Knock Me Up, Knock Me Down: Images of Pregnancy in Hollywood Films*. New York: Columbia University Press.
    Tyler, Imogen. 2011. "Pregnant Beauty: Maternal Femininities under Neoliberalism". Pp. 21-36 in *New Femininities: Postfeminism, Neoliberalism and Subjectivity*. Rosalind Gill and Christina Scharff (Eds.). UK: Palgrave Macmillan.
13. Hochschild, Arlie Russell. 1990. "Ideology and Emotion Management: A Perspective and Path for Future Research. in *Research Agendas in the Sociology of Emotion*. T.D. Kemper (Ed.). Albany:

Suny Press. p. 122.

14. Arendell, Terry. 2000. "Conceiving and Investigating Motherhood: The Decade's Scholarship". *Journal of Marriage and The Family,* 62(4): 1192-1207.
15. 回應第二十四則讀者留言，出自文章：Donath, Orna. "I love my children but rather they would not be here". *Ynet,* 6/25/09. [in Hebrew]. http://www.ynet.co.il/articles/0,7340,L-3734681,00.html
16. 第二十三則讀者留言，出自文章："Debatte um #regrettingmotherhood: Mütter, die keine sein wollen". *Spiegel Online,* 4/13/15. http://www.spiegel.de/panorama/gesellschaft/regrettingmotherhood-muetter-die-keine-sein-wollen-a-1028310.html#js-article-comments-box-pager
17. 本論點是根據珍妮特‧芬奇（Janet Finch）的主張：「家庭不僅需要『實踐』（done），也需要『展示』（display）」。參見：Finch Janet. 2007. "Displaying Families". *Sociology* 41(1): 65-81.
18. 引用自：De Beauvoir, Simone. 2009[1949]. *The Second Sex*. London: Random House.
19. Maushart, Susan. 1999. *The Mask of Motherhood. How Becoming a Mother Changes Everything and Why We Pretend It Doesn't*. New York: Penguin Books.
20. Butler Judith. 1991. "Imitation and Gender Insubordination". *In Inside/Out:Lesbian Theories, Gay Theories*. Diana Fuss (Ed.). New York and London: Routledge.
21. Laing, R.D. 1969. *The Politics of the Family [and other essays]*. Pelican Books.
22. Arendell, Terry. 2000. "Conceiving and Investigating Motherhood: The Decade's Scholarship". *Journal of Marriage and The Family,* 62(4): 1192-1207.
23. Ehrenreich, Barbara and English, Deirdre. 1979. *For Her Own Good*. Anchor Books, New York.
24. Rudell Beach, Sarah. "Honoring maternal ambivalence". 11/17/14.

http://leftbrainbuddha.com/honoring-maternal-ambivalence-motherhood-conflicted/

25. 同上。
26. Arendell, Terry. 2000. "Conceiving and Investigating Motherhood: The Decade's Scholarship". *Journal of Marriage and The Family,* 62(4): 1192-1207.
27. Parker, Rozsika. 1994. "Maternal Ambivalence". Pp. 3-17 in *Winnicott Studies No. 9*. Laurence Spurling (Ed.). London: Squiggle Foundation.
28. Tazi-Preve, Irene. "Motherhood in Patriarchal Society: The Case of Germany and Austria". Pp. 67-82 in *Mother's Way,* Erella Shadmi (Ed.). Resling, Israel [in Hebrew].
29. Rich, Adrienne. 1976. *Of Woman Born: Motherhood as Experience and Institution*. New York: Norton. p. 21.
30. Parker, Rozsika. 1997. "The Production and Purposes of Maternal Ambivalence". Pp. 16-36 in *Mothering and Ambivalence*. Wendy Hollway and Brid Featherstone (Eds.). Routledge, London and New York. p. 17.
31. Raphael-Leff, Joan. 2010. "Healthy Maternal Ambivalence". *Studies in the Maternal,* 2(1): 1-15.
32. Kristin. "My Postpartum Confession". *Little Mama Jama,* 12/1/11. http://littlemamajama.com/2011/12/01/my-postpartum-depression-confession/
33. Raphael-Leff, Joan. 2010. "Healthy Maternal Ambivalence". *Studies in the Maternal,* 2(1): 1-15.
34. Parker, Rozsika. 1994. "Maternal Ambivalence". Pp. 3-17 in *Winnicott Studies No. 9*. Laurence Spurling (Ed.). London: Squiggle Foundation. p. 8.
35. 同上。
36. Palgi-Hecker, Anat. 2005. *Mother in Psychoanalysis: A Feminist View*. Tel-Aviv: Am Oved Publishers. [in Hebrew].
37. Shelton, Nikki., and Johnson, Sally. 2006. " 'I Think Motherhood for me was a bit Like a Double-

Edged Sword': The Narratives of Older Mothers". *Journal of Community & Applied Social Psychology*, 16(4): 327.

第三章

1. Melucci, Alberto. 1996. *The Playing self. Person and Meaning in the Planetary Society*. Cambridge, Cambridge University Press.
2. Daly, Kerry J. 1996. *Families and Time. Keeping Pace in a Hurried Culture*. Sage Publications, Thousand Oaks, London.
3. Melucci, Alberto. 1996. *The Playing self. Person and Meaning in the Planetary Society*. Cambridge, Cambridge University Press.
4. Kahneman, Daniel and Tversky, Amos. 1982. "The Psychology of Prefrences". *Scientific American*, 246(1): 160-173.
5. Landman, Janet. 1993. *Regret: The Persistence of the Possible*. Oxford University Press. New York.
6. 引用自：Davies, Karen. 1996. "Capturing Women's Lives: A Discussion of Time and Methodological Issues". *Women's Studies International Forum*, 19(6): 581.
7. 參見：Adam, Barbara. 1995. *Timewatch: The Social Analysis of Time*. Cambridge, Polity Press. p. 39.
8. Zerubavel, Eviatar. 1996. "Social Memories: Steps to a Sociology of the Past". *Qualitative Sociology*, 19(3): 283-299.
9. Horne, Andrew S. 1999. "Reflections on Remorse in Forensic Psychiatry". Pp. 21-31 in *Remorse*

and Reparation. Murray Cox (Ed.). Jessica Kingsley Publishers London & Philadelphia.

10. Siddiqi, Muzzamil. "Forgiveness: Islamic Perspective", *OnIslam*, 21.3.11. http://www.onislam.net/english/reading-islam/understanding-islam/ethics-and-values/451497-the-power-of-forgiveness-an-islamic-perspective.html?Values
11. Landman, Janet. 1993. *Regret: The Persistence of the Possible*. Oxford University Press. New York.
    Zerubavel, Eviatar. 1996. "Social Memories: Steps to a Sociology of the Past". *Qualitative Sociology*, 19(3): 283-299.
12. Roese, Neal. J. and Summerville, Amy. 2005. "What We Regret Most... and Why." *Personality and Social Psychology Bulletin*, 31(9): 1273-1285.
13. Dumanis, Diana L. 2006. *Talking about Abortion: A Qualitative Examination of Women's Abortion Experiences*. UMI Dissertations, University of New Hampshire.
14. Appleton, Susan Frelich. 2011. Reproduction and regret. *Yale Journal of Law and Feminism*, 23(2): 255-333.
15. Alexander, Baine B., Rubinstein, Robert L., Goodman, Marcene and Luborsky, Mark. 1992. "A Path Not Taken: A Cultural Analysis of Regrets and Childlessness in the Lives of Older Women". *The Gerontologist*, 32(5): 618-26.
16. Ruff, Lanette. 2006. *Religiosity, Resoureces, and Regrets. Religious and Social Variations in Conservative Protestant Mothering*. Phd. diss., New Brunswick University, Canada.
17. Landman, Janet. 1993. *Regret: The Persistence of the Possible*. Oxford University Press. New York.
18. Heffernan Endlich, Lisa. "Why I regret being a stay-at-home-mom". 08/17/2013. http://www.huffingtonpost.com/grown-and-flown/why-i-regret-being-a-stay-at-home- mom_b_3402691.html

19. Kimport, Katrina. 2012. "(Mis)Understanding Abortion Regret". *Symbolic Interaction,* 35(2): 105-122.
Rothman, Barbara Katz. 1989/2000. *Recreating Motherhood*. Rutgers University Press. New Jersey.
20. Kimport, Katrina. 2012. "(Mis)Understanding Abortion Regret". *Symbolic Interaction,* 35(2): 105-122.
21. Morell, Carolyn. 1994. *Unwomanly Conduct: The Challenges of Intentional childlessness*. London: Routledge.
22. Neal, Arthur G. Groat, Theodore H. Wicks, Jerry W. 1989. "Attitudes about Having Children: A Study of 600 Couples in the Early Years of Marriage". *Journal of Marriage and the Family,* 51(2): 313-327.
23. Shelton and Johnson, "'I Think Motherhood for Me Was a Bit Like a Double-Edged Sord,'" 316-330
24. Bernard, Jesse Shirley. 1974. *The Future of Motherhood*. New York: Dial Press.
25. Palgi-Hecker, Anat. 2005. *Mother in Psychoanalysis: A Feminist Review*. Am Oved Publishers: Tel-Aviv.
26. Ruth Quiney, "Confessions of the New Capitalist Mother: Twenty-First-Century Writing on Motherhood as Trauma," *Women: A Cultural Review 18, no. 1* (2007): 19-40.
27. Hager, Tamar. 2011. "Making Sense of an Untold Story: A Personal Deconstruction of the Myth of Motherhood". *Qualitative Inquiry,* 17(1): 36.
28. Kitzinger, Sheila. 1992. "Birth and Violence Against Women. Generating Hypotheses from Women's Accounts of Unhappiness after Child Birth". Pp. 63-80 in *Women's Health Matters*. Helen Robert (Ed.). New York: Routledge.

29. Maushart, Susan. 1999. *The Mask of Motherhood. How Becoming a Mother Changes Everything and Why We Pretend It Doesn't*. New York: Penguin Books.
30. Catharine A. MacKinnon, "Sexuality, Pornography, and Method: 'Pleasure under Patriarchy,'" in *Feminism and Political Theory,* ed. Cass R. Sunstein (Chicago: University of Chicago Press, 1990).
31. Eva Illouz, *Cold Intimacies: The Making of Emotional Capitalism* (Cambridge, UK: Polity Press, 2007).

第四章

1. Wolf, Naomi. 2001/2003. *Misconceptions. Truth, Lies, and the Unexpected on the Journey of Motherhood*. Anchor Books, New York.
2. Irigaray, Luce. 1981. "And the One Doesn't Stir without the Other". *Signs,* 7(1), p. 67.
3. Cusk, Rachel. 2001. "The Language of Love". Guardian, 12.11.2001 – 引用自：Quiney, Ruth. 2007. "Confessions of the New Capitalist Mother: Twenty-first-century Writing on Motherhood as Trauma". *Women: A Cultural Review,* 18(1), p. 32.
4. 同上。p. 30.
5. Collins, Patricia Hill. 1994. "Shifting the Center: Race, Class, and Feminist Theorizing about Motherhood". Pp. 45-65 in *Mothering: Ideology, Experience and Agency,* E.N. Glenn, G. Chang, and R. Forcey (Eds.). New York: Routledge. p.58.
6. Ziv, Effie. 2012. "Insidious Trauma". Mafte'akh: Lexical Review of Political Thought. 5: 55-74. [in Hebrew].

7. Wolf, Naomi. 2001/2003. *Misconceptions. Truth, Lies, and the Unexpected on the Journey of Motherhood*. Anchor Books, New York. p. 7.
8. 引用自：Ties, Lea. ""Ich liebe mein Kind, aber…" - wenn Mütter mit ihrer Rolle hadern". Augsburger Allgemeine, 5/10/15.
http://www.augsburger-allgemeine.de/panorama/Ich-liebe-mein-Kind-aber-wenn-Muetter-mit-ihrer-Rolle-hadern-id33989927.html
9. McMahon, Martha. 1995. *Engendering Motherhood. Identity and Self-Transformation in Women's Lives*. New York: The Guilford Press. p. 136.
10. 參見例如：Ariès, Philippe. 1962. *Centuries of Childhood - A Social History of Family Life*. New York: Alfred A. Knopf. Badinter, Elizabeth. 1981. *Mother love: Myth and reality.Motherhood in modern history*. New York: Macmillan Publishing.
11. 參見例如：Baumgarten, Elisheva. 2004. *Mother and Children: Jewish Family Life in Medieval Europe*. Princeton University Press. Shahar, Shulamith. 1990. *Childhood in the Middle Ages*. London: Routledge.
12. Scheper-Hughes, Nancy. 1992. *Death Without Weeping: The Voilence of Everyday Life in Brazil*. California: University of California Press.
13. Ahmed, Sara. 2004. *The Cultural Politics of Emotion*. Edinburgh: Edinburgh University Press. p. 124.
14. 第四則讀者留言，出自文章：Donath, Orna. "I love my children but rather they would not be here". *Ynet*, 6/25/09. [in Hebrew].
http://www.ynet.co.il/articles/0,7340,L-3734681,00.html
15. Gilligan, Carol. 1982. *In a different voice*. Cambridge, MA: Harvard University Press.
16. Gustafson, Diana L. 2005. *Unbecoming Mothers: The Social Production of Mmaternal Absence*.

New York: Haworth Clinical Practice Press. p. 3.

17. Davies, Karen. 1996. "Capturing Women's Lives: A Discussion of Time and Methodological Issues". *Women's Studies International Forum,* 19(6): 579-588.

18. Davies, Karen. 1990. *Women, Time, and the Weaving of the Strands of Everyday Life*. Aldershot: Avebury.

19. Hochschild, Arlie Russell. 1997/2001. *The Time Bind: When Work Becomes Home and Home Becomes Work*. New York: Henry Holt and Company.

20. Christina Mundlos 引用自：Gullert, Madeleine. "Unglückliche Mütter, die ihr Leben zurückwollen". *Achener Zeitung,* 5/3/15. http://www.aachener-zeitung.de/lokales/region/unglueckliche-muetter-die-ihr-leben-zurueckwollen-1.1082182#plx492700333

21. Nandi, Jacinta. "Alleine mit dem Hass der Gesellschaft": Jacinta Nandi zu #regrettingmotherhood. *resonanzboden,* 5/8/15. http://www.resonanzboden.com/streitfall/alleine-mit-dem-hass-der-gesellschaft-jacinta-nandi-regrettingmotherhood/

22. Senior, Jennifer. 2014. *All Joy and No Fun: The Paradox of Modern Parenthood*. New York: Harper Collins Publishers.

23. Rothman, Barbara Katz. 1989/2000. *Recreating Motherhood*. Rutgers University Press. New Jersey. p. 10.

24. O`Reilly, Andrea. And Porter, Marie. 2005. "Introduction". Pp. 1-22 in *Motherhood. Power and Oppression*. Marie Porter, Patricia Short and Andrea O'reilly (Eds.). Women's Press, Toronto. p. 5.

25. Gustafson, Diana L. 2005. *Unbecoming Mothers: The Social Production of Mmaternal Absence*. New York: Haworth Clinical Practice Press.

26. 同上。p. 23.
27. Alphonse, Lylah M. "The Opposite of a 'Tiger Mother': Leaving Your Children Behind". *Yahoo! Shine*. 4/3/11. http://shine.yahoo.com/parenting/the-opposite-of-a-tiger-mother-leaving-your-children-behind-2460982.html
28. Bergemann, Wibke. "Wenn die Mutter nach der Trennung auszieht". *Deutschlandradio Kultur,* 6/29/15.
http://www.deutschlandradiokultur.de/tabubruch-wenn-die-mutter-nach-der-trennung-auszieht.976.de.html?dram:article_id=323905
29. Donath, Orna. 2013. "The More the Merrier? Some Cultural Logics of the Institution of Siblingship in Israel". *Israeli Sociology,* 15(1): 35-57 [in Hebrew].
Laybourn, Ann. 1990. "Only children in Britain: Popular stereotype and research Evidence". *Children & Society,* 4(4): 386-400.
Mancillas, Adriean. 2006. "Challenging the stereotypes about only children: A review of the literature and implications for practice". *Journal of Counseling & Development,* 84(3), 268-275.
30. 2010. "Means of promoting procreation in developed countries – a comparative review"
http://www.knesset.gov.il/mmm/data/pdf/m02646.pdf
31. Read, Donna M.Y. Crockett, Judith. and Mason, Robyn. 2012. "'It Was a Horrible Shock': The Experience of Motherhood and Women's Family Size Preferences". *Women's Studies International Forum,* 35(1): 12-21.
32. 2008. "Bericht über die Sondererhebung 2006; 'Geburten in Deutschland'". Statistisches Bundesamt.
https://www.destatis.de/DE/Publikationen/Thematisch/Bevoelkerung/Bevoelkerungsbewegung/GeburtenKinderlosigkeit5126401089004.pdf?__blob=publicationFile

33. Craib, Ian. 1994. *The Importance of Disappointment*. London: Routledge.

第五章

1. *Quoted from* Dutton, Isabella. "The mother who says having these two children is the biggest regret of her life". *Mail Online*, 3/4/13.
http://www.dailymail.co.uk/femail/article-2303588/The-mother-says-having-children-biggest-regret-life.html
2. Kelle, Birgit. "Grow Up!". *The European; Das Debatten-Magazin*, 4/20/15.
http://www.theeuropean.de/birgit-kelle/10048-selbstmitleid-im-internet
3. Johanna. "Regretting Motherhood. Overkill und die Frage: Muss das wirklich sein?". *Pinkepank*, 4/21/15.
http://www.pink-e-pank.de/2015/04/21/regretting-motherhood-overkill-und-die-frage-muss-das-wirklich-sein/
4. Quiney, Ruth. 2007. "Confessions of the New Capitalist Mother: Twenty-first-century Writing on Motherhood as Trauma". *Women: A Cultural Review*, 18(1): 19-40.
5. Nadine. "Plädoyer für ein Tabu. #regrettingmotherhood". *Berliner kinderzimmer; kleines blogmagazin*, 4/9/15.
http://www.berliner-kinderzimmer.de/2015/04/09/pl%C3%A4doyer-f%C3%BCr-ein-tabu-regrettingmotherhood/
6. Wende, Angelika. "Regretting Motherhood oder warum Kinder als Schuldige für ein unerfülltes Leben herhalten müssen". 4/19/15.

http://angelikawende.blogspot.de/2015/04/aus-der-praxis-regretting-motherhood.html

7. Worsham Brown, Sasha. "My Mom Told Me She Regrets Having Children". *Yahoo!*, 5/1/15. https://www.yahoo.com/parenting/what-if-you-regret-having-children-117620834597.html
8. Ahmed, Sara. 2006. *Queer Phenomenology: Orientations*, Objects, Others. Durham: Duke University Press.
9. Zerubavel, Eviatar. 2006. *The Elephant in the Room: Silence and Denial in Everyday Life*. Oxford University Press.
10. Halberstam, Judith Jack. 2011. *The Queer Art of Failure*. Duke University Press.
McBean, Sam. 2013. "Queer Temporalities". *Feminist Theory*, 14(1): 123-128.
Stockton, Kathryn Bond. 2009. *The Queer Child, or Growing Sideways in the Twentieth Century*. Durham, NC: Duke University Press.
11. Halberstam, Judith Jack. 2011. *The Queer Art of Failure*. Duke University Press. p. 27.
12. Ahmed, Sara. 2006. *Queer Phenomenology: Orientations, Objects, Others*. Durham: Duke University Press.
13. Weingarten, Kathy. 1995. "Radical Listening". *Journal of Feminist Family Therapy*, 7(1-2): 7-22.
Halberstam, Judith Jack. 2011. *The Queer Art of Failure*. Duke University Press.
14. Snitow, Ann. 1992. "Feminism and Motherhood. An American Reading". *Feminist Review*, 40: 33.
15. Weingarten, Kathy. 1995. "Radical Listening". *Journal of Feminist Family Therapy*, 7(1-2): 7-22.
16. 同上。
17. Irigaray, Luce. 1981. "And the One Doesn't Stir without the Other". *Signs*, 7(1): 63.

第六章

1. Landman, Janet. 1993. *Regret: The Persistence of the Possible*. Oxford University Press. New York.
2. Gordon, Avery F. 2008. *Ghostly Matters. Haunting and the Sociological Imagination*. The University of Minnesota Press. p. 5.
3. 完整資料請見：
   http://www.savethechildren.org/atf/cf/%7B9def2ebe-10ae-432c-9bd0-df91d2eba74a%7D/SOWM_MOTHERS_INDEX.PDF
   "In Norwegen geht es Müttern am besten." Frankfurter Allgemeine Zeitung, *Familie*, 5/5/15. http://www.faz.net/aktuell/feuilleton/familie/internationaler-muetter-index-norwegen-vorn-13575261.html
4. 參見例如：Collins, Patricia Hill. 1994. "Shifting the Center: Race, Class, and Feminist Theorizing about Motherhood". Pp. 45-65 in *Mothering: Ideology, Experience and Agency*, E.N. Glenn, G. Chang, and R. Forcey (Eds.). New York: Routledge.
   Ehrenreich, Barbara. Hochschild, Russell Arlie. (Eds). 2002. *Global Woman: Nannies, Maids and Sex Workers in the New Economy*. New York: Metropolitan Books. hooks, bell. 2007. "Homeplace. A Cite of Resistance." Pp. 266-273 in *Maternal Theory*. Essential Reading. Andrea O'reilly (Ed.). Toronto, Canada: Demeter Press.
   Park, Shelley M. 2013. *Mothering Queerly, Queering Motherhood. Resisting Monomaternalism in Adoptive, Lesbian, Blended, and Polygamous Families*. Albany, NY: Suny Press.
   Solinger, Rickie. 2005. *Pregnancy and Power. A Short History of Reproductive Politics in*

America. New York: New York University Press.

5. Pearce, Diane. 1978. "The Feminization of Poverty: Women, Work, and Welfare". *Urban and Social Change Review,* 11(1-2): 28-36.
6. Sambol, Sarit and Benjamin, Orly. 2006. "Motherhood and Poverty in Israel: The place of Motherhood in the lives of the Working Poor." *Social Issues in Israel,* 1(2): 31-63. [in Hebrew].
   Sambol, Sarit and Benjamin, Orly. 2007. "Structural and Gender Based Interruptions in Women's Work History: the entrenchment of opportunity structures for the working poor." *Israeli Sociology,* 9(1): 5-37. [in Hebrew].
7. Glenn, Evelyn Nakano. 1994. "Social Constructions of Mothering: A Thematic Overview". Pp. 1-29 in *Mothering: Ideology, Experience and Agency,* E.N. Glenn, G. Chang, and R. Forcey (Eds.). New York: Routledge. Pp. 5-6.
8. Blaß, Simone. "Ist Zwischen den Stühlen der beste Platz?". *T-Online,* 9/8/14. http://www.t-online.de/eltern/familie/id_60660608/eine-teilzeitmutter-berichtet.html
9. Hochschild, Arlie Russell. 1997/2001. *The Time Bind: When Work Becomes Home and Home Becomes Work*. New York: Henry Holt and Company.
   Hochschild, Arlie Russell. 1989. *The Second Shift: Working Parents and the Revolution at Home*. New York: Viking Penguin.
10. "EU-Vergleich: Mütter arbeiten seltener, Väter häufiger als Kinderlose". *Statistisches Bundesamt*. https://www.destatis.de/Europa/DE/Thema/BevoelkerungSoziales/Arbeitsmarkt/ElternErwerb.html
11. Jeremiah, Emily. 2004. "Murderous Mothers. Adrienne Rich's Of Woman Born and Toni Morisson's Beloved." Pp. 59-71 in *From Motherhood to Mothering: The Legacy of Adrienne Rich's Of Woman Born*. Andrea O'reilly (Ed.). New York: Stete University Press of New York.

12. Chodorow, Nancy and Contratto, Susan. 1989. "The Fantasy of the Perfect Mother". *Feminism and Psychoanalytic Theory*. Nancy Chodorow (Ed.). University of Yale Press, New Haven and London. p. 90.
13. hooks, bell. 2007. "Homeplace. A Cite of Resistance." In *Maternal Theory*. Essential Reading, ed. Andrea O'Reilly, 266-273. Toronto, Canada: Demeter Press. p. 147.
14. Rothman, Barbara Katz. 1989/2000. *Recreating Motherhood*. Rutgers University Press. New Jersey. Pp. 10, 13.
15. Finke, Christine. "Regretting Motherhood – Nein. Aber." *Mama arbeitet*, 4/6/15. http://mama-arbeitet.de/gestern-und-heute/regretting-motherhood-nein-aber
16. https://twitter.com/hashtag/regrettingmotherhood?lang=de
17. O`Reilly, Andrea. 2006. *Rocking the Cradle. Thoughts on Feminism, Motherhood, and the Possibility of Empowered Mothering*. Demeter Press. Toronto. p. 14.
18. Collins, Patricia Hill. 2007. "The Meaning of Motherhood in Black Culture and Mother-Doughter Relationships". Pp. 274-289 in *Maternal Theory*. Essential Reading. Andrea O'Reilly (Ed.). Toronto, Canada: Demeter Press.
hooks, bell. 2007. "Homeplace. A Cite of Resistance." In *Maternal Theory*. Essential Reading, ed. Andrea O'reilly, 266-273. Toronto, Canada: Demeter Press.
19. Krumer-Nevo, Michal. 2006. *Women in Poverty: Life Stories. Gender, Pain, Resistance*. Hakibbutz Hameuchad Publishing House: Tel-Aviv. [in Hebrew].
20. 同上。p. 92.
21. Davis, Lennard J. 1995. *Enforcing Normalcy: Disability, Deafness and the Body*. London: Verso.
22. Donath, Orna. 2011. *Making a Choice: Being Childfree in Israel*. Tel-Aviv: Miskal-Yedioth Ahronot Books and Migdarim Hakibutz Hameuchad. [in Hebrew].

23. 一則回應，出自以下文章：Schultz, Maike. "Att bli mamma har inte tillfört något till livet". *Svenska Dagbladet*, 9/15/15.
24. http://www.tapuz.co.il/forums2008/forumpage.aspx?forumId=1105
25. Veevers, Jean E. 1980. *Childless By Choice*. Butterworths, Toronto. p. 82.
26. Newitz, Annalee. 1998. "Murdering Mothers". Pp. 334-356 in *"Bad" Mothers: The Politics of Blame in Twentieth-Century America*. Molly Ladd-Taylor and Lauri Umansky (Eds.). New York University Press.
27. 同上。p. 352.
28. http://www.tapuz.co.il/forums2008/forumpage.aspx?forumId=1105
29. Diehl, Sarah. 2014. *Die Uhr, die nicht tickt*. Arche Verlag: Zürich-Hamburg.
30. Meyers Tietjens, Diana. 2001. "The Rush to Motherhood: Pronatalist Discourse and Women's Autonomy". *Signs: Journal of Women in Culture and Society*, 26(3):735-73.
31. Illouz, Eva. 2007. *Cold Intimacies: The Making of Emotional Capitalism*. Polity Press.
32. Hays, Sharon. 1996. *The Cultural Contradictions of Motherhood*. Yale University Press. p. 154.
33. Baumgarten, Elisheva. 2004. *Mother and Children: Jewish Family Life in Medieval Europe*. Princeton University Press.
    Shahar, Shulamith. 1990. *Childhood in the Middle Ages*. London: Routledge.
34. 翻譯自：Shahar, Shulamith. 1990. *Childhood in the Middle Ages*. London: Routledge. p. 25.
35. Elisheva Baumgarten, *Mothers and Children: Jewish Family Life in Medieval Europe* (Princeton, NJ: Princeton University Press, 2004), 1.
36. Donath, Orna. "I love my children but rather they would not be here". *Ynet*, 6/25/09. [in Hebrew] http://www.ynet.co.il/articles/0,7340,L-3734681,00.html

37. Tucker Stadtman, Judith. 2005. "The New Future of Motherhood". *The Mothers Movement Online*. http://www.mothersmovement.org/features/mhoodpapers/new_future/mmo_new_future.pdf

結語

1. Landman, Janet. 1993. Regret: *The Persistence of the Possible*. Oxford University Press. New York. P. 5.
2. Roy, Rustum and Roy, Della. 1968. *Honest Sex*. New American Library. 引用自：Peck, Ellen. 1971. *The Baby Trap*. Bernard Geis Associates. Pp. 67, 68.

後悔當媽媽

一本成為母親之前，該讀過的書

Regretting Motherhood

作者　奧爾娜．多娜絲（Orna Donath）
翻譯　林佑柔
執行編輯　顏好安
行銷企劃　劉妍伶
封面設計　周家瑤
版面構成　賴姵伶
發行人　王榮文
出版發行　遠流出版事業股份有限公司
地址　臺北市中山北路一段 11 號 13 樓
客服電話　02-2571-0297
傳真　02-2571-0197
郵撥　0189456-1
著作權顧問　蕭雄淋律師
2025 年 5 月 1 日　初版一刷
定價新台幣 450 元

有著作權．侵害必究 Printed in Taiwan

ISBN　978-626-418-131-0
遠流博識網 http://www.ylib.com E-mail: ylib@ylib.com
（如有缺頁或破損，請寄回更換）

Original title: # Regretting Motherhood. Wenn Mütter bereuen
in cooperation with Margret Trebbe-Plath
by Orna Donath

© 2016 by Albrecht Knaus Verlag,
a division of Penguin Random House Verlagsgruppe GmbH, München, Germany.
This edition is published by arrangement with Penguin Random House Verlagsgruppe GmbH through Andrew Nurnberg Associates International Limited.
All rights reserved.

國家圖書館出版品預行編目 (CIP) 資料

後悔當媽媽 / 奧爾娜 . 多娜絲 (Orna Donath) 著；林佑柔譯 . -- 初版 . -- 臺北市：遠流出版事業股份有限公司 , 2025.05　面；　公分
譯自 : Regretting motherhood.
ISBN 978-626-418-131-0(平裝)

1.CST: 母親 2.CST: 母職 3.CST: 通俗作品
544.141　　114002240